Helen Morales

El resurgir de Antígona
El poder subversivo de los mitos

Traducción del inglés de Fina Marfà

Título original: ANTIGONE RISING

© 2020 by Helen Morales

© de la edición en castellano:
2021 by Editorial Kairós, S.A.
www.editorialkairos.com

© de la traducción del inglés al castellano: Fina Marfà

Edición publicada por acuerdo con Bold Type Books, un sello de Perseus Books, LLC,
una editorial de Hachette Book Group, Inc., Nueva York, EE.UU.

Fotocomposición: Moelmo, S.C.P. 08009 Barcelona
Diseño cubierta: Editorial Kairós
Impresión y encuadernación: Romanyà-Valls. 08786 Capellades

Primera edición: Mayo 2021
ISBN: 978-84-9988-851-4
Depósito legal: B 6.234-2021

Este libro ha sido impreso con papel certificado FSC, proviene de fuentes
respetuosas con la sociedad y el medio ambiente y cuenta con los
requisitos necesarios para ser considerado un «libro amigo de los bosques».

Para Jennie Ransom y para mi hija, Athena Boyle

Sumario

Prefacio

Sin duda la muchacha muestra
un espíritu fiero (...) Todavía no sabe rendirse
ante circunstancias adversas.

Ancianos de Tebas sobre Antígona
en la *Antígona* de Sófocles

Algunas personas pueden dejar pasar las cosas.
Yo no puedo.

Greta Thunberg[1]

De niña tuve la suerte de leer un libro titulado *Tales of the Greek Heroes* [Cuentos de los héroes griegos]. Me fascinó. Nadie como los dioses y los mortales de la mitología antigua para representar el poder y la rebeldía, el amor y el odio. Me encantó saber que los ojos que los pavos reales tienen en su cola están ahí porque cuando un gigante amante de Hera, la reina de los dioses, fue asesinado, ella le arrancó sus cien ojos y los puso como homenaje en su pájaro favorito. Me sigue maravillando cómo los mitos nos brindan nuevas maneras de mirar el mundo.

Lo que hace que un mito sea un mito, y no solo una historia, es que se ha contado una y otra vez a lo largo de los siglos y ha llegado a cargarse de significado para una cultura o comunidad.[2] Los mitos griegos y romanos se han engastado en nuestra cultura y son una parte influyente de esta. Constituyen los cimientos y los andamios de las creencias que modelan nuestra política y nuestra vida. Los mitos pueden ser limitadores y destructivos, pero también estimulantes y liberadores.

El mito de Antígona, contado por el dramaturgo griego Sófocles, es uno de los mitos griegos más conocidos y uno de los más significativos para el feminismo y para la política revolucionaria.[3] Antígona se ha convertido en un icono de la resistencia. Representa el enfrentamiento de la convicción personal a la ley del Estado; el decir la verdad ante el poder.

Antígona se empeña en enterrar a su hermano Polinices, a quien matan mientras lucha contra Tebas, la ciudad de Antígona, a pesar de que su tío Creonte, gobernante de Tebas, prohíbe expresamente el entierro y le impondrá la pena de muerte por su osadía. Antígona, una niña de no más de 13, 14 o 15 años, se enfrenta a un adulto poderoso, algo que ni siquiera su hermana se atreverá a hacer y que los ciudadanos de Tebas temen demasiado. Antígona también desafía la autoridad masculina y se encara a la actitud de Creonte, que insiste en que las mujeres son inferiores a los hombres y que los hombres deben gobernar sobre ellas. Antígona es vulnerable y está aterrorizada, pero eso no le impide incumplir la ley.

Antígona se representó por primera vez en Atenas en el año 442 a.c. (o eso se cree). Hoy se representa en todo el mundo; desde el año 2016 se está representando, con una nueva intencionalidad, en Ferguson, Missouri, y en la ciudad de Nueva York. *Antigone in Ferguson* fue concebida por Bryan Doerries tras el asesinato de Michael Brown Jr., de 18 años, a manos de un oficial de policía en 2014, en Ferguson. La obra consiste en una lectura teatralizada de una adaptación de la obra de Sófocles, seguida de un debate con miembros de la comunidad, agentes de policía y activistas sobre justicia social y raza.[4]

¿Por qué no escribir simplemente una obra sobre la muerte de Michael Brown? ¿Por qué recurrir a *Antígona* para analizar esta tragedia? Parte de la respuesta debe ser que utilizar el mito nos permite explorar situaciones extremas sin arriesgarnos a la dureza de dramatizar los acontecimientos concretos de la muerte de un joven. Esta fue la razón por la que los antiguos griegos recurrieron a la mitología como material para sus tragedias: cuando se habían representado obras sobre sucesos contemporáneos, el público las había encontrado demasiado dolorosas. Los mitos griegos también analizan temas difíciles sobre abusos de poder y debilidades humanas. El poder indagar en cuestiones como en qué consiste un buen liderazgo o cómo resistir ante el fascismo del estado permite al público reflexionar sobre esos temas y relacionarlos con hechos locales concretos, pero alejado de estos.

Relacionado con lo anterior es lo que el novelista Ralph
Ellison llamó *ampliación*: los mitos amplían a las personas
y los personajes literarios cuando se les superponen atribu-
tos y logros de las figuras de las leyendas antiguas.[5] Como
explica el profesor Patrice Rankine, Ellison presentaba a sus
personajes como figuras de mitos antiguos lo cual le permitía
construirlos «desde el exterior de un marco contemporáneo
limitado». Esto les daba «posibilidades [que] trascendían las limitaciones que la sociedad les imponía».[6] Ver un personaje
o a una persona con una visión dual, como uno mismo y en el
papel de una figura de un mito, da al lector una perspectiva
mejorada mediante la cual entenderlos.

Una iniciativa dirigida por uno de mis colegas, Michael
Morgan, es una buena ilustración de lo anterior. El proyecto
Odyssey consiste en dar una clase sobre el mito del viaje de
regreso de la guerra del héroe griego Ulises a jóvenes y estudiantes universitarios encarcelados.[7] En la clase se pide a los
estudiantes que se fijen en cómo los episodios del mito resuenan con su propia experiencia. A los alumnos les parece una
idea potente que Ulises cometa errores terribles con consecuencias devastadoras para su tripulación, pero que siga siendo un héroe y logre volver a casa, después de muchos años.
Quizás pueden parecérsele o hacer algo similar si se ven a sí
mismos como Odiseo (o Telémaco o Circe, hay muchas posibilidades). Usar el mito para ampliar su vida ofrece a los estudiantes un sentido diferente de quiénes son y de lo que pueden
lograr.

En el mito de Antígona nadie tiene un buen final, pero vamos a dejar ese problema para la última parte del libro. De momento quiero insistir en el valor y la resistencia del personaje de Antígona, que lo arriesga todo por una causa en la que cree y se niega a dejarse intimidar por políticos poderosos, o por lo que alguien piense. El espíritu de Antígona vive en Iesha Evans, fotografiada de pie y firme en su delicado vestido veraniego frente a una fila de agentes de policía con equipo antidisturbios en un protesta de Black Lives Matter en Baton Rouge. Vive en Malala Yousafzai, que hizo campaña por los derechos de las niñas de Pakistán a recibir educación, a pesar de que era peligroso infringir la ley de los talibanes (que intentaron matarla, sin lograrlo, en 2012). Y vive en la firme oposición al cambio climático mostrado por Greta Thunberg, quien, a los 16 años, siguió su huelga escolar para protestar frente al Parlamento sueco: otrora figura solitaria con un cartel de cartón, hoy el estímulo para un movimiento global.

El escenario de «niña contra el mundo» tiene un atractivo glamuroso; nos gusta ver cómo triunfa el desvalido. La Antígona de Sófocles se enseña a menudo en los institutos de secundaria de los Estados Unidos, y cada vez que hablo de la obra en las escuelas locales, los estudiantes siempre se ponen de parte de Antígona. Es una heroína, dicen, y Creonte es un fascista absoluto que se merece todo lo que le pasa.

Es poco probable que el público original de la obra fuera tan parcial en sus simpatías. Seguramente, los griegos eran más críticos con Antígona, una joven que hablaba y actuaba como le daba la gana, aunque también muchos debían de reconocer las faltas del rey, Creonte.

Según un texto médico de la época titulado *On the Diseases of Virgins* [Sobre las enfermedades de las vírgenes], se creía que las niñas en la situación de Antígona, lo bastante mayores para contraer matimonio, pero que aún no se habían casado, estaban enfermas.[8] Se volvían locas y tenían visiones de la muerte. En *Antígona*, Antígona anhela la muerte; imagina obsesivamente su propia muerte y nos dice que le da la bienvenida. La obra también presta mucha atención a que no se ha casado, aun teniendo edad suficiente para ello. El nombre de Antígona es una pista: puede significar «contra» (*anti*) y «procreación» (*gonē*). El texto médico nos da un nuevo marco en el que entender la resolución de Antígona. En lugar de verla como una heroína decidida a hacer lo correcto, incluso a riesgo de ser ejecutada, ahora la vemos como si mostrara síntomas de la «enfermedad de las muchachas jóvenes», disfuncionales, desquiciadas, locas.

A veces, simplemente yuxtaponiendo lo antiguo y lo moderno nos revela perspectivas nuevas e inesperadas. El comportamiento de Greta Thunberg también se ha calificado de patológico: ha sido criticada y menospreciada por tener síndrome de Asperger, lo cual, según dicen los críticos, la ha expuesto más a la explotación por parte de otros. Pero la propia Thunberg ha contado que tener Asperger la ha ayudado con su activismo: es un regalo que le «permite ver las cosas desde perspectivas diferentes».[9] No ha dejado que la definieran negativamente, sino que ha convertido su patología en algo positivo. Quizás también nosotros podemos adoptar este enfoque de Antígona. Podemos entender su locura y su disfunción, como algunos antiguos lo habrían considerado, como si le diera a Antígona una cierta ventaja política, como si se le permitiera no temer a la muerte y como si le alimentara su resolución. A través de esta lente, los mitos antiguos no solo amplían las historias humanas; las figuras y los acontecimientos modernos también pueden invitarnos a ver los mitos antiguos desde nuevas perspectivas.

Para los antiguos griegos y romanos, los dioses eran más que personajes emocionantes. Eran muchos los que los adoraban y se tomaban muy en serio los rituales religiosos.[10] Pero hay una diferencia crucial entre la antigua práctica religiosa griega y romana y las principales religiones que se practican hoy en día. A diferencia de nuestras religiones monoteístas, como el cristianismo, el islam y el judaísmo, la religión griega y la romana eran politeístas. Zeus o Júpiter (como lo llamaban griegos y romanos, respectivamente) era el dios más poderoso de todos, y lo prudente era no ponerse del lado equivocado de su rayo, pero todos los dioses exigían ser adorados, y no existía ningún texto o mandamiento religioso que seguir. (Cuando Antígona apela a las leyes eternas y no escritas, no está claro a qué se refiere, lo cual es parte del problema).

De esto se derivan un par de factores clave. El primero es que las narraciones mitológicas se convirtieron en una manera de pensar sobre complicados dilemas morales. Esto también los hace útiles para nosotros; seguimos volviendo a los mitos griegos y romanos precisamente porque se alejan de las historias simples de «el bien contra el mal», desde los cuentos de hadas hasta las películas de Disney, que constituyen una parte tan importante de nuestra cultura. En segundo lugar, los mitos, sobre todo los que se cuentan en la poesía y el teatro épicos, eran ampliamente conocidos y tenían autoridad. La población griega y romana, la culta por entero y gran parte de la inculta, conocían a su Homero. Nosotros no tenemos nada parecido: cuando pregunté en mi clase de 700 alumnos cuál era para ellos el libro más conocido, no respondieron que la Biblia, el Corán, Shakespeare o Walt Whitman, dijeron el Dr. Seuss.

La autoridad cultural de la épica y la tragedia continuó a través del advenimiento del cristianismo como religión principal. Los textos cristianos a menudo reescribían los mitos griegos y romanos dándoles un mensaje diferente. La mitología, griega y romana, y la antigüedad clásica en general han tenido una enorme influencia en la cultura occidental y más allá.[11] Por antigüedad clásica me refiero al período en que las culturas griega y romana florecieron en el territorio que ahora llamamos Europa, el norte de África y el Asia occidental, desde el siglo VIII a.C., cuando los poemas épicos de Homero se cantaron por primera vez, hasta el siglo V d.C., cuando comenzó lo que hoy denominamos la Edad Media. (Soy completamente consciente del salto a través del tiempo y el espacio y de lo imprecisos que pueden ser los términos *griego* y *romano*). La historia intelectual, y con ello me refiero a los principales filósofos, novelistas, teóricos, dramaturgos, políticos y otros pensadores desde la antigüedad hasta hoy, nunca ha dejado de basarse en los mitos griegos y romanos. Eso significa para nosotros que entrar en conversaciones de carácter filosófico, histórico, artístico y político, la mayoría de las veces, implica enlazar con ideas y argumentos de las antiguas Grecia y Roma.

El propósito ideológico de estas conversaciones ha variado ampliamente. La antigüedad clásica se ha utilizado para justificar el fascismo, la esclavitud, la supremacía blanca y la misoginia. También ha desempeñado un papel fundamental en el idealismo político, y ha inspirado, de diversas maneras, a los padres fundadores (e influido en las declaraciones fundamentales como la Declaración de Independencia y la Constitución de los Estados Unidos), los movimientos sindicales, el marxismo y el movimiento por los derechos de los homosexuales.[12] Como escribe el historiador de la antigüedad clásica Neville Morley, en su libro *Classics: Why It Matters*, «Siempre hay una lucha por su propiedad y por quién los reivindica y los define».[13] Así pues, tal vez tenemos que comprender mejor de qué manera los mitos griegos y romanos de la antigüedad, y sus personajes, pueden ser reivindicados y definidos por todas las personas que queremos resistir ante el movimiento actual hacia un mayor control patriarcal y que trabajamos para hacer de este mundo un lugar más equitativo, empático e iluminado.

Este libro une dos partes de mi vida: mi yo profesional y mi papel como madre. Llevo más de 25 años investigando y enseñando mitología antigua en universidades de Inglaterra y Estados Unidos. Gracias a enseñar los mitos a mis alumnos me he dado cuenta de lo poderosas que pueden llegar a ser estas historias y de que leerlas desde una actitud crítica y creativa nos empodera. Desde luego, contar nuevas historias es esencial, pero ver nuestro mundo a través de la lente de los mitos antiguos también es valioso.

Por otra parte soy madre de una hija adolescente, Athena. Ella y sus compañeros han estudiado la antigua Grecia y sus mitos y cultura, pero sin darse cuenta de que lo que estaban aprendiendo era muy importante para su vida hoy, más allá de unas nociones vagas sobre la herencia de la democracia. Este libro se fue forjando a partir de mis intentos por explicarle a Athena que los temas que les preocupaban a ella y a su grupo de amigos —la seguridad de las niñas, los códigos de vestimenta en la escuela y la dieta, así como lidiar con un cambio de clima político en el que se restringían sus libertades y se revertían las protecciones ambientales— se sustentan todos en narrativas culturales. Uno de los pilares de este andamio ideológico es la mitología clásica. Una parte del empoderamiento y de la lucha implica comprender estos mitos y su impacto cultural, y emplearlos en nuestro propio beneficio. En cada uno de los capítulos, la relación entre lo antiguo y lo moderno es diferente. En algunos, ocupan un lugar central textos griegos y romanos concretos: *Lisístrata* de Aristófanes, *Antígona* de Sófocles, y las *Metamorfosis* de Ovidio. Veremos cómo se han leído, y mal leído, dichos textos, para servir (o dificultar) agendas progresistas. En el capítulo sobre la dieta se argumenta que el médico griego Hipócrates ha sido mal comprendido y mal citado en la literatura médica y en los textos modernos sobre dietas: aquí la relación entre lo antiguo y lo moderno es concreta y clara, puesto que lo moderno se apropia de lo antiguo de modos que son especialmente perjudiciales para las mujeres. Este capítulo y el que trata del control sobre las mujeres también nos dan información sobre actitudes ancestrales hacia ellas, más allá de lo que se puede deducir a partir del mito.

En el primer capítulo, y en el capítulo sobre los códigos de vestimenta escolar y la vigilancia de la vestimenta de las mujeres por las «mujeres controladoras» de la antigua Grecia, la relación entre lo antiguo y lo moderno es más flexible; se trata más de una relación lógica que de una influencia directa. O, para decirlo con otras palabras, la influencia directa a través de franjas de tiempo y espacio es difícil de cartografiar. A veces es imposible rastrear los orígenes precisos de una idea o de un comportamiento en la Grecia o la Roma antiguas, pero la mayoría de las veces ocurre que no tenemos ni idea de si algo se originó allí, o si les fue transmitido desde otra cultura, o incluso de si en realidad tuvo muchos orígenes diferentes.[14] El objetivo de este libro no es rastrear genealogías históricas con precisión; sí lo es reconocer patrones culturales consolidados.

La segunda mitad del libro está dedicada a considerar las maneras distintas y sorprendentes en que la superestrella Beyoncé, el novelista Ali Smith y la justiciera asesina mexicana Diana, la cazadora de conductores de autobús, han reinventado los mitos antiguos convirtiéndolos en actos de resistencia: resistencia ante mitos misóginos, trillados y dañinos, incluidos los racistas y los transfóbicos.

Estas recreaciones de mitos antiguos preguntan una y otra vez: ¿De quién es la antigüedad clásica? ¿De quién es la cultura? La respuesta: son nuestras.

1. Matar amazonas

Este libro comienza donde termina la misoginia, con hombres que matan a mujeres. En seguida llegaremos a la realidad de los hombres que matan a mujeres (y a hombres), pero quiero empezar por la fantasía. Quiero empezar por una de las primeras fantasías documentadas sobre matar mujeres: los antiguos mitos griegos sobre la matanza de amazonas.

Las amazonas eran mujeres guerreras procedentes de tierras lejanas, además de ser uno de los adversarios más temibles de los héroes de los mitos griegos.[15] Tenían fama de ser «iguales que los hombres».[16] Según cuenta una de las historias mitológicas, el héroe Hércules fue enviado en una misión a recuperar la faja de la reina amazona Hipólita. («Faja» más bien nos remite a una versión antigua de las Spanx; probablemente «cinturón de guerra» describa mejor la prenda). Hércules la mata a golpes y le roba el cinturón. Algunas versiones de la historia describen cómo Hércules mata a una amazona tras otra: Aela, Filipis, Protoe, Eriboea, Celaeno, Euribia, Febe, Deyanira, Asteria, Tecmessa, Alcipe y Melanipa.[17]

No necesitamos otro héroe. (Aquiles mata a Pentesilea, ánfora del pintor Exekias, alrededor del 530 a.C.).

Aquiles, el héroe griego, mató a la amazona Pentesilea cuando las amazonas unieron sus fuerzas a las de los troyanos para luchar contra los griegos en la guerra de Troya. En una versión de la historia, Pentesilea va montada a caballo y Aquiles le clava la lanza con tal fuerza que el arma atraviesa a la mujer y al caballo a la vez. Otras versiones cuentan cómo se enamoró de la muchacha mientras agonizaba e incluso que la deseó y profanó su cadáver.[18]

El héroe griego Belerofonte mató a muchas amazonas sobrevolándolas en su caballo alado y lanzándoles rocas hasta que morían aplastadas.

El héroe griego... bien, es fácil imaginárnoslo. Matar amazonas era parte de lo que convertía a los héroes griegos en héroes. Como dice Mary Beard: «El mensaje básico era que la única amazona buena era la que estaba muerta».[19] Este mensaje se dejó bien claro repetidamente en la antigua Grecia. Las imágenes de amazonas muertas o moribundas se exhibían en el interior de los hogares (en las pinturas de los jarrones que han sobrevivido, las amazonas son el segundo tema más popular; Hércules es el primero), así como en monumentos públicos como el templo del Partenón en Atenas.

Existe una relación entre la fantasía antigua de matar mujeres y la realidad moderna. La noche del viernes 23 de mayo de 2014, estaba en casa, poniendo notas a trabajos de mis alumnos. Fui profesora del Departamento de Estudios Clásicos de la Universidad de California, Santa Bárbara, durante cinco años y, aunque en general disfruté de mi labor, odiaba poner notas a los trabajos. Para no aburrirme tanto, hojeaba artículos en un periódico en línea. Andaba buscando chismes de personajes famosos, pero lo que encontré fue una noticia de última hora de una masacre ocurrida en Isla Vista, una zona cercana al campus en la que viven muchos estudiantes. Llamé a mis colegas y mandé correos electrónicos a mis alumnos. Fue una batalla por conseguir información: ¿Todos estaban bien?

Poco a poco supimos que seis estudiantes, George Chen, Cheng Yuan «James» Hong, Weihan «David» Wang, Katherine Breann Cooper, Christopher Ross Michaels-Martinez y Veronika Elizabeth Weiss, fueron asesinados en lo que se conoció como los asesinatos de Isla Vista. Otros 14 estudiantes resultaron heridos antes de que el asesino se matara disparándose a sí mismo. Katie Cooper y Christopher Michaels-Martinez eran alumnos de nuestro departamento; a Katie le interesaba la historia del arte y la arqueología y a Christopher, la literatura inglesa y los clásicos. Uno de mis colegas se acababa de reunir con Christopher para hablar de la posibilidad de pasar un año en el extranjero, en Roma. Otro colega daba clases de griego antiguo en un aula que comenzó con siete estudiantes, Katie era una, y que ahora tenía seis. En cada una de las clases de griego antiguo que hemos impartido desde entonces, veo la ausencia de Katie Cooper, una chica preciosa, congelada para siempre a la edad de 22 años.

Recuerdo los siguientes días y semanas como una serie de imágenes confusas: la valentía de Richard Martinez, el padre de Christopher, cuando instó a la multitud en la celebración del funeral a cantar *Not one more*; un colega en un acto de homenaje del Departamento hablando del carácter alegre y divertido de Katie Cooper y de lo orgulloso que estaría si su hija de mayor se pareciera a Katie; el decano sugiriendo que enseñáramos a los estudiantes a encontrar consuelo en el arte y la literatura, a pesar de que los amigos de los estudiantes que habían muerto a duras penas se mantenían en pie. Mi hija, Athena, tenía entonces 13 años. Hacía cinco años que nos habíamos trasladado a California desde Inglaterra, donde existen problemas graves como el vandalismo, la embriaguez pública y los apuñalamientos, pero no violencia armada. Athena tenía muchas preguntas: ¿estaba segura en la escuela?, ¿me podían disparar a mí?, ¿por qué había personas que hacían estas cosas?

Supe que escribiría este libro cuando un joven cuyo nombre no tiene por qué recibir oxígeno de la publicidad mató a nuestros estudiantes. ¿El hecho de disponer de armas y los problemas de salud mental del perpetrador de la matanza contribuyeron a los asesinatos? Sí, por supuesto; sin ninguna duda. Pero la visión que el asesino tenía de las mujeres, fomentada por airados resentimientos hacia páginas de internet de «artistas del ligue» y detallados en un manifiesto de ciento cuarenta páginas que envió por correo electrónico a diferentes personas antes de la masacre, fue lo que lo impulsó a matar.

Esta visión se remonta a la antigüedad, y algunas de las creencias sobre las mujeres que hemos heredado de la Grecia y la Roma antiguas constituyen el andamiaje imaginativo que sustenta nuestras creencias sobre las mujeres hoy. Ignorar esta historia nos impide ver cuán arraigadas están realmente algunas estructuras sociales violentas. El primer paso para entender la misoginia y, por lo tanto, para hacer algo que la prevenga, es reconocer cómo y dónde está instalada culturalmente. Los asesinatos de Isla Vista fueron obra de un individuo, «un hombre solitario, silencioso y perturbado».[20] Pero fueron también la labor de miles de años contando las mismas historias sobre las relaciones entre hombres y mujeres, el deseo y el control.

En su libro *Down Girl*, la filósofa Kate Manne explica qué es la misoginia y cómo funciona.[21] Se entiende mejor, escribe Manne, «si se considera principalmente como una propiedad de los entornos sociales en los que las mujeres pueden encontrar hostilidad debido a la aplicación y vigilancia de las normas y expectativas patriarcales, a menudo, aunque no exclusivamente, en la medida en que violan la ley y el orden. Por lo tanto, la misoginia funciona para hacer cumplir y vigilar la subordinación de la mujer y defender el dominio masculino, en el contexto de otros sistemas de intersección de opresión y vulnerabilidad, dominio y desventaja».[22]

Su análisis nos aleja de pensar en la misoginia como *una actitud* hacia las mujeres que tienen hombres y mujeres como individuos y nos hace pensar en ella como *fuerzas sociales* que controlan las normas y expectativas de un mundo patriarcal. La misoginia es el brazo «ejecutor que hace cumplir la ley de un orden patriarcal, cuya función general es vigilar y aplicar su ideología dominante».[23] Una de las principales maneras que utiliza la misoginia para ello es diferenciar entre «mujeres buenas» y «mujeres malas» y castigar a las «mujeres malas».

En el mito griego antiguo, las amazonas se consideraban mujeres malas. Eran malas porque rechazaban el matrimonio. Se esperaba que todas las mujeres griegas buenas contrajeran matrimonio. Las mujeres buenas se casaban, tenían hijos y cuidaban la casa, roles que las mantenían subordinadas a los hombres. En cambio, las amazonas vivían como nómadas, viajando de un lugar a otro. Libraban batallas. Disfrutaban de relaciones sexuales con hombres cuando y como querían (una historia cuenta que a Alejandro Magno le costó trece días satisfacer el deseo de la amazona Talestris), pero no vivían con ellos. Eran mujeres sin un hombre, o libres de hombres, y por ello fueron castigadas.[24]

El asesino de Isla Vista también castigó a las mujeres por no querer estar con él: «No sé por qué vosotras, las chicas, no os sentís atraídas por mí —se quejaba en su manifiesto—, pero os castigaré a todas por esto [...]. ¿Quién es el macho alfa ahora, perras?». Escribió sobre la necesidad de controlar el comportamiento sexual de las mujeres: «Las mujeres no han de poder escoger con quien se emparejan. Esa elección la deberían hacer por ellas hombres civilizados e inteligentes».[25] El psicólogo clínico Jordan Peterson argumenta sin pelos en la lengua que la «solución racional» para evitar que hombres como el asesino de Isla Vista cometan actos violentos es la «monogamia obligatoria».[26] No se da cuenta de que la monogamia obligatoria es en sí misma un acto violento.

Los héroes griegos se ganaron su estatus de superestrellas castigando a las mujeres sexualmente rebeldes. Cuando Hércules va en busca del cinturón de guerra de la amazona Hipólita es uno de sus doce trabajos, tareas que se imponían como castigo a la violencia doméstica: «en un ataque de locura», había matado a su esposa, Megara, y a sus hijos.[27] Una vez cumplidas con éxito las tareas impuestas, Hércules habría purgado su crimen (nótese el amargo razonamiento: para expiar el asesinato de una mujer, mató a más mujeres). Cuando murió, su padre, Zeus, rey de los dioses, lo subió hasta el monte Olimpo: en la muerte, como en la vida, Hércules fue un semidiós.

Parte del delirio del asesino de Isla Vista era que, castigando a las mujeres a cuyo amor tenía todo el derecho, se convertiría en héroe, en semidivino. La violencia contra la mujer forma parte integral del heroísmo o, al menos, de un tipo concreto de heroísmo machista. El asesino de Isla Vista quería ser un Hércules, «más que humano [...] lo más parecido que hay a un dios viviente», un «macho alfa», como lo expresó en su manifiesto en línea. Quería mujeres que lo adoraran; también quería ser superior a otros hombres. El método que empleó para lograrlo puede que sea excepcional, pero no lo es el deseo en sí mismo.[28] Por supuesto, decimos que el asesino tenía problemas de salud mental. Eso es lo que también dijeron los escritores antiguos sobre Hércules cuando mató a su esposa y a sus hijos. Quizás es difícil diferenciar entre delirio y trastorno e hiperheroísmo.

Un factor esencial del mito de las amazonas era que las mujeres guerreras eran extranjeras, no eran griegas. La fantasía no era solo de hombres que obtienen lo mejor de las mujeres, sino de hombres griegos que obtienen lo mejor de mujeres *extranjeras*. Matar amazonas era un acto de superioridad tanto étnica como sexual. En el caso del asesino de Isla Vista, el motor de la destrucción de mujeres era una ideología de la supremacía blanca. Se propuso matar lo que deseaba, «una chica rubia y guapa». Él era hijo de madre china de Malasia y padre británico blanco y, en su manifiesto, arremetía contra los hombres negros y morenos que no merecían, a su juicio, las atenciones de las mujeres blancas rubias. El motor que impulsa esta guerra contra las mujeres, la antigua y la moderna, es el odio racial y sexual. Está lejos de ser inusual en este sentido.[29]

Uno de los aspectos más seductores de las amazonas era que vivían en igualdad sexual. A diferencia de las mujeres reales que vivieron en la Grecia antigua, las amazonas disfrutaban de las mismas libertades que los hombres. Disfrutaban de las relaciones con ellos, pero no los necesitaban, ni sexual ni políticamente. «¿Quién creería que un ejército de mujeres, o una ciudad o una tribu, se podía organizar sin hombres?», exclamó un escritor griego.[30]

Por eso, en el siglo XIX, las feministas de la primera ola como Elizabeth Cady Stanton miraron a las amazonas como modelos de matriarcado: un gobierno de mujeres.[31] Una de estas feministas fue una mujer llamada Sadie Elizabeth Holloway. Formada en Mount Holyoke, una universidad para mujeres, Holloway se convirtió en abogada y psicóloga. Junto con su esposo, William Moulton Marston, hizo algunas cosas extraordinarias, como desarrollar una primera versión de la prueba del detector de mentiras. En 1941, inspirándose en Holloway y Olive Byrne, la mujer con quien ambos tuvieron aventuras amorosas, Marston creó una amazona superheroína moderna: Wonder Woman.

Wonder Woman, también conocida como la princesa Diana de Temiscira, hija de Hipólita, es una amazona a la que finalmente se permite vivir, con la ayuda de su extraordinaria fuerza, «integridad y humanidad»,[32] y de un lazo dorado capaz de decir cuándo los hombres están mintinedo (el test del detector de mentiras de Holloway y Marston inmortalizado como el arma de su superheroína). Wonder Woman fue llevada a la pantalla e interpretada por la ex Miss Mundo de America, Lynda Carter, y la ex Miss de Israel, Gal Gadot, y se convirtió, durante unos meses de 2014, en la embajadora honoraria de las Naciones Unidas para el empoderamiento de mujeres y niñas. La destituyeron después de que los manifestantes pusieran de relieve que las características del personaje del cómic, blanca y con aspecto de *pinup girl*, además del disfraz con la bandera estadounidense, la convertían en una elección inapropiada para el papel.

Uno de los objetivos de las Naciones Unidas es lograr la igualdad de género para todas las mujeres y niñas en 2030, y lo esencial para lograr ese objetivo es la educación. Pero recibir formación puede resultar un asunto peligroso para las mujeres. El asesino de Isla Vista acabó asesinando a mujeres y hombres, pero su objetivo principal era una casa de hermandad. No solo quería matar mujeres; quería matar mujeres estudiantes. En este aspecto imitó a otro asesino que en 1989 mató a catorce mujeres en la conocida como masacre de Montreal, en la Escuela Politécnica, una escuela de ingeniería afiliada a la Universidad de Montreal. El asesino de Montreal entró en el edificio, separó a los hombres de las mujeres y disparó contra las mujeres con un rifle semiautomático, anunciando que estaba «luchando contra el feminismo». Este hombre, que, como el asesino de Isla Vista, había abandonado la universidad, pensaba que las mujeres no debían estudiar ingeniería. Le enfurecían las feministas porque consideraba que se apropiaban de las ventajas que tenían los hombres (como recibir formación) al mismo tiempo que no soltaban las que tenían (como, según dijo, la ampliación del permiso por maternidad). Por lo tanto, explicó, «he decidido enviar a las feministas, que siempre me han arruinado la vida, a su Hacedor [...] y he decidido poner fin a esos viragos».[33] Una interesante elección del término: originalmente *virago* significaba «mujer guerrera» o «amazona», antes de que con el tiempo adquiriera el significado de «mujer dominante» o «arpía», la lingüística de la misoginia.

En otros lugares, las niñas que intentan recibir formación se convierten en un objetivo en masa. En Afganistán y Pakistán, los talibanes prohibieron la educación a las niñas mayores de ocho años, y la educación consistía únicamente en aprender el Corán. Dispararon contra la activista Malala Yousafzai como represalia por su trabajo y el de su familia fomentando la educación de las niñas. El grupo terrorista Boko Haram, con sede en Nigeria, ha impedido que muchas niñas terminen su formación. En 2014, los miembros de este grupo secuestraron a 276 niñas de su escuela de secundaria en la ciudad de Chibok. En 2018 secuestraron a 110 alumnas de la Facultad Gubernamental de Ciencias y Técnicas para chicas en Dapchi, en el noreste de Nigeria. Muchas de las chicas fueron obligadas a contraer matrimonio. Según Unicef, Boko Haram ha destruido más de 1.400 escuelas y ha matado a 2.295 maestros. El nombre de Boko Haram significa «la educación está prohibida».[34] Sin educación, sin poder estudiar en una escuela o universidad libre del acoso de hombres, con derechos y libres de la violencia ejercida por hombres con derechos, la igualdad de género es imposible.

Los asesinatos de Isla Vista provocaron una campaña en las redes sociales: #YesAllWomen. El mensaje que se quería transmitir era que, si bien no todos los hombres son misóginos violentos como el asesino de Isla Vista (como algunos hombres se apresuraron a decir, como si todo girara alrededor de ellos), todas las mujeres sí que se ven afectadas por la misoginia violenta, en el lugar de trabajo, caminando por la calle y en sus relaciones íntimas. En Twitter, las mujeres dijeron la verdad sobre sus miedos cotidianos ante la violencia de los hombres.

Podrían perdonarnos por pensar así, viviendo como vivimos en la era ilustrada del #YesAllWomen y del #MeToo, y durante esta época de los análisis brillantes e incisivos sobre género y violencia de Rebecca Solnit, Chimamanda Ngozi Adichie, Sara Ahmed y Kate Manne, cabría pensar que tenemos una mayor conciencia de cómo la misoginia desemboca en el asesinato de mujeres. Cabría pensar que estamos preparados para evitar la próxima masacre escolar. Cabría.

La que sigue es la historia de #YesAllWomen de Athena.

Cuando Athena estaba en primaria, visitó el instituto público, aproximadamente a una milla y media de Isla Vista, como futura estudiante. La acompañó una alumna de décimo grado, una muchacha enérgica y extrovertida a la que llamaremos Laura. El día comenzó sin incidentes; Athena disfrutó de una clase sobre *Matar un ruiseñor* e hizo un experimento de química. Pero en el recreo, mientras ella y Laura charlaban, un niño mayor se aproximó a Laura, apoyó su entrepierna contra ella y le dijo algo grosero sobre su pecho. Laura le dio una patada en la espinilla y le dijo que se fuera a la mierda. No te preocupes, le dijo Laura, pasa todos los días.

Athena no fue a aquel instituto. (Soy muy consciente del privilegio que es poder elegir sobre su educación). Si hubiera ido, tal vez se hubiera visto implicada en el siguiente incidente ocurrido en enero de 2018. Seis chicos del instituto hicieron un vídeo y lo publicaron en un chat en línea. Es un vídeo de noventa segundos de intención ridiculizadora en el que uno de los estudiantes dice: «Voy a enseñarte cómo se mata a esa puta de allá».[35] (*Thot*, pronunciado «pensamiento» es un acrónimo de «esa puta de allá». Es un insulto usado contra las mujeres que son promiscuas y a menudo se dirige a mujeres negras y de clase baja).[36] Entonces, el muchacho apunta con un rifle a la cámara y explica cómo usarlo. Luego demuestra cómo infligir un daño mayor ajustando y usando una bayoneta. El vídeo termina con el chico diciendo: «Espero que este vídeo os resulte útil en vuestra guerra contra las putas». El vídeo se colgó en un chat privado, donde otro de los seis chicos colgó una lista de «putas que tenían que ser eliminadas» junto a los nombres de como mínimo dieciséis chicas de los tres institutos de Santa Bárbara y del de una niña de doce años de una escuela primaria local.

Los detalles de lo que sucedió a continuación siguen siendo imprecisos porque la privacidad de los chicos menores de edad está protegida, incluso cuando la seguridad de las niñas que son menores de edad no lo está. De lo que podemos deducir de los padres de los niños, uno de ellos vio el vídeo e informó a las autoridades escolares. El chico que publicó la lista de asesinatos tiene una condena desde entonces por amenaza terrorista, pero el cargo de delito grave original se ha reducido a un delito menor. El chico que describió cómo destripar a las niñas con una bayoneta, según varios padres, nunca ha sido acusado de un delito.[37]

Otro de los seis chicos que participaban en el chat, que supuestamente contenía banderas con la esvástica y tanques nazis, según los padres no ha sido acusado de nada.[38] La madre de una de las niñas en la lista de asesinatos ha cambiado a su hija de escuela. El periódico local informa de que la mujer dijo «que el incidente del chat traumatizó a su hija. Volvió a casa llorando después de la escuela. Se le empezó a caer el pelo. Dormía muy poco. Y en todas las clases planeaba hacia dónde correr o dónde esconderse».[39]

Hombres y niños matando y fantaseando con matar a mujeres y niñas como castigo por no necesitar hombres, por no estar bajo el control sexual de los hombres, por atreverse a recibir formación, por vivir libremente. Hombres y niños, desde hace mucho tiempo y solo el año pasado, matando a mujeres y niñas (y a hombres que se interponen en su camino) en su imaginación, en chats y en la calle. Y aun así no reconocemos que las fantasías son peligrosas. La policía investigó a los seis muchachos que llamaron putas a las chicas y que redactaron una lista de asesinatos. Concluyeron que los chicos no representaban «ninguna amenaza inmediata». Según los padres, al final de esa semana los chicos volvían a estar en el aula.

Cuando intentamos comprender actos violentos como los asesinatos de Isla Vista, no es necesario mirar a la antigüedad y ponerlos en relación con los mitos griegos en que se matan amazonas. Me he preocupado por si era una jugada equivocada: demasiado académica, demasiado artificial. He decidido arriesgarme a esa crítica porque recurrir a material antiguo nos ayuda, creo, a ver cuán duraderas y, por lo tanto, cuán difícil son de desterrar ciertos relatos culturales. Tengo la esperanza de que, si nos abrimos al panorama más general, será menos probable que descartemos los asesinatos de mujeres como hechos aislados y obra de unos hombres enloquecidos. Tengo la esperanza de que, rastreando patrones y conexiones entre creencias y prácticas antiguas y modernas, será más fácil entender cómo funciona la misoginia y el papel que desempeña la antigüedad clásica (aunque no sea el único jugador ni este su único papel) en la legitimación de cómo funciona la misoginia hoy. Es una esperanza pequeña. Las amazonas de la antigüedad pueden resucitar como Wonder Woman, pero soy muy consciente de que nada nos devolverá a los seis estudiantes asesinados cerca de su universidad en 2014.

2. ¡Si no hay paz, no hay sexo!

Después de años de guerra interna en Grecia, cuenta la historia, Lisístrata convence a las mujeres de las ciudades-estado enemigas a unirse y hacer una huelga sexual. Hasta que los hombres no abandonen las armas, sus esposas les negarán el sexo (incluso en la «postura de la leona sobre el rallador de queso», cuyo significado sigue siendo uno de los grandes misterios de la antigüedad). Siguen escenas de divertidas bromas mezcladas con ideas políticas.

Al final, los hombres ya no lo soportan más y aceptan acabar la guerra. Las mujeres de Grecia y su huelga sexual han ganado. La estrategia del «¡si no paz, no hay sexo!» ha funcionado.

El dramaturgo Aristófanes contó por primera vez esta historia en su obra *Lisístrata*, escrita a los veinte años de haberse iniciado el conflicto griego conocido como la guerra del Peloponeso, en el siglo V a.C.[40] Sus comedias, como todas las obras teatrales atenienses, se representaron para los hombres de Atenas en grandes festivales para la ciudadanía con mucha fanfarria y ritual religioso. Normalmente, las obras abordaban temas del momento y ridiculizaban a los políticos, como en el programa *Saturday Night Live*, pero eran más escandalosas (Aristófanes afirma haber sido multado por sus ataques personales dirigidos a políticos) y sexualmente más explícitas.[41]

Desde la fantasía disparatada hasta el planteamiento político, *Lisístrata* se ha convertido en un mito icónico de la protesta feminista. Se ha llevado a las pantallas de cine y al arte, desde la película sueca *The Girls* (1968), en la que las mujeres que interpretan a Lisístrata en un grupo de teatro itinerante se animan a hacer cambios en su propia vida,[42] hasta la obra teatral de Tony Harrison *A Common Chorus* (1992), ambientada en el campamento de mujeres por la paz instalado en la base de misiles nucleares de Greenham Common,[43] y la *Lisístrata* de Germaine Greer —*Lysistrata -The Sex Strike* (representada por primera vez en 1999)—, en la que las acciones de las mujeres griegas de la antigüedad se utilizan para criticar la falta de interseccionalidad en el activismo de las mujeres hoy, así como para impulsar la paz.[44] En 2003, el Proyecto Lisístrata, fundado por dos pacifistas feministas de Nueva York, protestaba contra la guerra de Iraq con más de mil lecturas teatralizadas de *Lisístrata* en todo el mundo en un solo día.[45]

La idea de que una huelga sexual es un medio eficaz de protesta, y no solo un tropo para explorar a través del arte ha cobrado algo de fuerza. En mayo de 2019, la actriz y activista Alyssa Milano pidió a las mujeres de los Estados Unidos que hicieran una huelga sexual para protestar contra las nuevas y estrictas leyes contra el aborto aprobadas por las legislaturas de seis estados, Georgia, Kentucky, Ohio, Mississippi, Iowa y Dakota del Norte, que prohíben el aborto a partir de las seis semanas, o cuando se detecta por primera vez la actividad cardíaca. Alyssa tuiteó:

> Están eliminando nuestros derechos reproductivos.
>
> Hasta que las mujeres no tengamos control legal sobre nuestros propios cuerpos, simplemente no nos podemos arriesgar a quedarnos embarazadas.
>
> ÚNETE A MÍ no teniendo relaciones sexuales hasta que nos devuelvan nuestra autonomía corporal.
>
> Os pido una #huelga sexual

Para reforzar su propuesta, Milano compartió en Twitter un artículo en línea de la organización de noticias Quartz titulado «La historia demuestra que las huelgas sexuales son una estrategia sorprendentemente eficaz para cambiar la política».[46] El artículo destacaba varias huelgas sexuales, entre estas una en el país africano de Liberia en 2003. A continuación, Milano coescribió un artículo de opinión en el que reiteraba que «la protesta lisistrática es un método de larga duración, eficaz y empoderador para luchar por el cambio».[47] Más allá de los artículos de opinión en los que se debatió el valor de las huelgas sexuales, la llamada de Milano a la huelga sexual no dio resultado.

Unos años antes del tuit de Milano, el director de cine Spike Lee instó a las estudiantes a organizar una huelga sexual para que los hombres dejaran de hostigar y violar sexualmente a las mujeres en los campus universitarios de los Estados Unidos. Esto sucedió en 2015, durante una gira publicitaria para su adaptación cinematográfica del mito de Lisístrata, *Chi-Raq*.[48] La película, así titulada porque el número de muertes en Chicago rivaliza con el del Irak devastado por la guerra, es una versión musical extravagante y explosiva, ambientada en el South Side de Chicago. Los versos de la Grecia antigua pueden parecerse bastante al rap moderno, como demuestra el llamativo espectáculo de coro griego de Samuel L. Jackson con un solo hombre:

> *In the year 411 BC —that's before baby jesus*
> *y'all— the great Aristophanes penned a play*
> *satirizing his day*
> *and in the style of his time*
> *'stophanes made that shit rhyme.*
> *That's why today we retain his verse*
> *To show our love for the universe.*
> *But warning —you gonna see some PAIN.* *

---

* En el año 411 a.C., eso es antes del niño Jesús y de todos vosotros,/ el gran Aristófanes escribió una obra/satirizando su época y con el estilo de su época/'Stophanes hizo esta mierda de rima. Por eso hoy conservamos su verso/Para mostrar nuestro amor por el universo./ Pero cuidado, vais a ver algo de DOLOR. *(N. de la T.)*.

El dolor está causado por la guerra entre el grupo de espartanos, dirigido por el rapero Demetrius Dupree alias Chi-Raq (interpretado por Nick Cannon), y el de troyanos, liderados por los cíclopes (Wesley Snipes). Una joven, Patti, es asesinada; las escenas de duelo son especialmente conmovedoras gracias al trabajo de Jennifer Hudson (cuya propia madre y hermano fueron asesinados con armas de fuego) en el papel de la madre de Patti. La novia de Chi-Raq, Lisístrata (Teyonnah Parris), busca en la web «huelga sexual» como le ha sugerido que haga una vecina suya, la señorita Helen (Angela Bassett), y encuentra una película sobre la huelga sexual en Liberia, lo cual la anima a reunir a las mujeres de Chicago para organizar su propia huelga sexual. Tienen éxito, a pesar de que el guión difiere del antiguo mito en aspectos significativos.

Pero ¿qué es exactamente una huelga sexual? (El matrimonio no es una respuesta satisfactoria). Según el antiguo mito griego, Lisístrata la describe de la manera siguiente:

Si nos sentáramos en casa bien maquilladas y paseáramos por delante de los hombres vestidas solo con ropa interior transparente, y con el pubis depilado en forma de perfecto triángulo, y a nuestros maridos se les empinara y suspiraran por jugar con nosotras, pero nosotras no nos acercáramos a ellos y nos mantuviéramos alejadas, ellos pedirían la paz, y bastante rápido, ¡podéis estar seguras![49]

Spike Lee anima a las estudiantes a hacer una huelga sexual. (Debate sobre su película Chi-Raq *en 2015).*

Esto es más una huelga de clímax que una huelga sexual, lo que significa que muchos de los factores componentes del sexo —como la excitación y la cercanía física— están ahí pero no la consumación real. No es tanto una retirada del sexo como una provocación prolongada. A un club de *striptease* no lo llamaríamos club de huelga sexual.

La huelga sexual en Liberia que inspiró tanto a Alyssa Milano como a la heroína de Spike Lee fue un tipo de protesta muy diferente y no se caracterizó en absoluto por mujeres dando la espalda a los hombres y burlándose de ellos. Una de sus líderes fue Leymah Gbowee, que recibió el Premio Nobel de la Paz en 2011 por su campaña por la paz. Los medios de comunicación occidentales la etiquetaron como la «Lisístrata liberiana». Los periodistas se fijaron en su organización de una huelga sexual e hicieron comentarios como estos: «Empleando la fuerza de Lisístrata y de las heroínas de Aristófanes de la guerra del Peloponeso, ellas negaron el sexo a sus hombres» (*Huffington Post*), y «Segura de sí misma e instintivamente política, Gbowee es una Lisístrata moderna» (*Gossip Central*). Un reportaje en el periódico británico *Daily Telegraph* fue más allá y sugirió una relación *causal* entre el carácter del activismo de Lisístrata en la Grecia antigua (que confunden, pues lo consideran un acontecimiento histórico en lugar de una ficción) y el del activismo de Leymah Gboee en Liberia: «Convenció a muchas mujeres liberianas de que no practicaran sexo con sus hombres en guerra a menos que estos llegaran a la mesa de negociación, una campaña de un éxito demoledor inspirada en el personaje de Lisístrata de Aristófanes, que utilizó esa misma estrategia durante la guerra del Peloponeso».[50]

De hecho, la huelga sexual fue una parte mínima del activismo de las mujeres de Liberia. En sus memorias, *Mighty Be Our Powers*, Leymah Gbowee le dedica menos de una página:

«Huelga de sexo» es el titular que vende, así que, cuando los periodistas me entrevistan, suelen preguntarme primero de todo sobre la huelga sexual. ¿Las mujeres de Liberia realmente pusieron fin a la atroz guerra civil negándose a practicar sexo? Ciertamente dio a los hombres un nuevo motivo para presionar por la paz. Pero la verdad es que las principales armas del movimiento de mujeres liberianas eran la claridad moral, la perseverancia y la paciencia. No pasó nada repentinamente. En realidad, hicieron falta tres años de concienciación de la comunidad, de sentadas y de manifestaciones no violentas organizadas por las «mujeres del mercado» normales, años de congregarse en las carreteras vistiendo llamativas camisetas blancas, exigiendo la atención de los convoyes de funcionarios y de la gente de los medios de comunicación para que vieran los signos y el baile, para que oyeran las consignas y los cantos. Después lanzamos la huelga sexual. En 2002, las mujeres cristianas y musulmanas de Liberia se unieron para negarse juntas a practicar sexo con sus maridos hasta que la violencia y los enfrentamientos civiles terminaran.[51]

La huelga sexual fue un elemento menor en una campaña de protesta más larga y compleja. Según cuenta Gbowee, un factor fundamental de esa campaña llegó en junio de 2003, después de que ella hubiera dirigido una delegación de mujeres hasta Accra en Ghana, donde las facciones en guerra mantenían conversaciones de paz. Las conversaciones se prolongaron durante semanas, hasta que las mujeres formaron una barricada humana frente al recinto donde tenían lugar las reuniones y se negaron a dejar salir a los hombres hasta que acordaran la paz. Gbowee, acusada de obstruir la justicia y arriesgándose a ser encarcelada, amenazó con desnudarse. En la sociedad del África Occidental, una mujer que se quita la ropa como gesto de protesta echa una maldición sobre los hombres que la ven: «Para ese grupo de hombres ver a una mujer desnuda sería casi como una sentencia de muerte».[52] Su intervención tuvo éxito: los hombres regresaron a la sala y negociaron el fin de la guerra.[53] Referirse a Leymah Gbowee como la Lisístrata liberiana y reducir la resistencia de las mujeres a una huelga sexual son burdas distorsiones que ensombrecen el trabajo que realmente sirvió para lograr y garantizar la paz.

La huelga sexual es una categoría en gran parte falaz: es un término aparentemente claro, pero que, cuando se examina, significa diferentes cosas en diferentes contextos. Igual que en la huelga sexual de Liberia, las huelgas sexuales en Colombia en 2011 (para obligar al Gobierno a reparar una carretera) y en Kenia en 2009 (para poner fin a la lucha interna del Gobierno) tuvieron éxito sobre todo porque atrajeron publicidad y, por lo tanto, avergonzaron, o por lo menos presionaron, a los que ostentaban el poder para que actuaran, no porque las mujeres al negarse a tener relaciones sexuales *frustraran* a los hombres y les hicieran cambiar su comportamiento. Para las mujeres colombianas lo importante no era retirarse del sexo por placer, sino negarse a quedarse embarazadas hasta que pudieran viajar con seguridad a un hospital para dar a luz: «Nos están privando de nuestros derechos humanos más elementales y no lo podemos consentir. ¿Por qué vamos a traer niños a este mundo si pueden morir sin atención médica y no les podemos ofrecer ni tan siquiera los derechos más básicos? Decidimos dejar de tener relaciones sexuales y no tener hijos hasta que el estado cumpla sus promesas».[54] A pesar de todo esto, los medios de comunicación occidentales calificaron a estas mujeres de las Lisístratas nuestro tiempo.[55]

El término *huelga sexual* casi siempre se refiere a las mujeres; al parecer, los hombres nunca van a una huelga sexual. Así pues, implica que el sexo es una especie de trabajo realizado por las mujeres para los hombres, que las mujeres solo tienen relaciones sexuales para complacer a los hombres y que el hecho de que una mujer se niegue a practicar sexo es un tipo de acción política similar a los paros laborales de los trabajadores sindicados. Además, como comenta la clasicista Donna Zuckerberg, «una huelga sexual se basa en la premisa de que las mujeres no son actores políticos plenos y de que aún necesitan ejercer su influencia a través de la esfera doméstica».[56] Todo esto es una visión bastante anticuada de las relaciones heterosexuales.

También plantea una pregunta obvia: si la llamada huelga sexual consiste, por lo menos en parte, en negar a los hombres (según las palabras de la Lisístrata de *Chi-Raq*) los «derechos de acceso y entrada», ¿no es lógico esperar que algunos hombres busquen eso de alguna otra manera, recurriendo a prostitutas, por ejemplo, o con amantes masculinos, o violando a sus esposas y novias? (En el mito griego, Lisístrata prepara a las mujeres para la posibilidad de que puedan ser forzadas, en cuyo caso, aconseja, tienen que «someterse a regañadientes y no retirarse»).

Le hice esta pregunta a Leymah Gbowee durante su visita a la universidad donde trabajo, unos días antes de que le comunicaran que había ganado el Premio Nobel. Gbowee exponía los aspectos prácticos de la huelga sexual. Nos contó que la primera vez que se sugirió hacer la huelga, y lo hizo una mujer musulmana, no se tomó en serio. «Todo el mundo pensamos que estaba loca», me dijo. «Nos preguntamos si podía ser ¡una verdadera musulmana!». Después del debate, la propuesta ganó como medio para lograr que todos los hombres participaran en la protesta: «El mensaje era que mientras la lucha continuase, nadie era inocente: no hacer nada para detener la lucha te convertía en culpable».[57] Según dijo Gbowee, funcionó mejor en las comunidades rurales, donde las mujeres atribuían un fuerte sentido religioso a sus acciones; sin embargo, en las comunidades urbanas, una vez que comenzó la huelga, las mujeres venían a las reuniones con hematomas en la cara. Seguro que habían sido agredidas y probablemente también violadas.

Esta es la realidad de las huelgas sexuales. Es una de las razones por las que es tan irresponsable la llamada de Spike Lee a que las estudiantes se declaren en huelga sexual para evitar que los hombres las violen en los campus universitarios. El mito antiguo, tal como se transmite en las comparaciones y los titulares de los periódicos, es un marco que no nos sirve; impone el patrón de fantasía cómica de Aristófanes a episodios de activismo político moderno. Una vez formulado en estos términos, resulta difícil para las protestas modernas liberarse del patrón; asume la autoridad cultural con la que investimos el mito clásico. El tropo de referencia de los artículos que son cebo de clics se convierte en un espejo distorsionador que reduce a la mujer a un cuerpo y la acción política compleja, a un cosquilleo.

Al final de nuestra entrevista le pregunté a Gbowee si alguna vez había leído *Lisístrata*. Me dijo que sí, pero que hacía poco. Había ganado un premio y un amigo le regaló un ejemplar de la obra para celebrar el galardón. Le pregunté qué le parecía la obra y las comparaciones que se han hecho en la prensa. No dijo una sola palabra, pero su mirada fue de absoluto desprecio.

Entonces, ¿en qué nos es útil el mito de Lisístrata? La obra de Aristófanes contiene ideas políticas progresistas, pero el problema es que están intercaladas entre bromas sobre erecciones y repetidas amenazas de los hombres —cuyo objetivo es hacer reír— para abofetear, golpear y quemar a las mujeres. Estos cambios de tema, de tenor y de tono dificultan que el público responda desde una perspectiva única. Si extraemos la parte política de la obra, nos perdemos la cómica; si nos reímos de los chistes sobre pollas, nos perdemos lo fundamental.

El final de *Lisístrata* brinda el ejemplo más sorprendente de estos veloces cambios. Nuestra heroína supervisa las negociaciones entre los delegados de las ciudades en guerra, y trae a una mujer desnuda llamada Reconciliación, que es a la vez una alegoría y una bailarina exótica. (Es probable que en el escenario ateniense fuera un bailarín disfrazado de mujer desnuda quien interpretase el papel). Lisístrata imparte sabiduría a cada uno de los delegados, tratando de hacerles ver la situación desde la perspectiva del otro. Ahora bien, lo que convence a los hombres es el cuerpo desnudo de Reconciliación, no la retórica de Lisístrata. La atención de ellos está centrada en la mujer desnuda, cuyo cuerpo se reparten, como se reparten el territorio griego, con un humor del estilo de «te daré las dos colinas si tú me das el valle». Para los lectores y espectadores modernos, esta escena invoca la política actual de la posverdad: no importa lo que se *diga*, lo que importa es el atractivo emocional de lo visual. El final plantea valiosas preguntas sobre la protesta y qué es lo que la convierte en una protesta exitosa. ¿Basta con obtener el resultado deseado por cualquier medio posible, o también es importante convencer con argumentos?

El final desvirtúa la autoridad de Lisístrata (aunque fue suya la estratagema de traer a Reconciliación), y la mayoría de producciones y adaptaciones modernas eliminan o alteran estas escenas finales. *Chi-Raq* hace un cambio radical en la historia, pues, en lugar de terminarla con un baile sexy y la división del territorio mafioso, la acaba con la promesa de trabajo y atención médica para todos, una amnistía para las armas y verdad y reconciliación para las víctimas. Chi-Raq se entera del legado de asesinatos de su familia y se entrega a la policía por el asesinato que cometió. La historia y el cambio de tono varían a medida que pasamos de la comedia de *Lisístrata* a la tragedia de *Edipo rey*, en la que el rey se exilia por crímenes que cometió y, gracias a ello, salva su ciudad.[58]

Pero probablemente el final de la obra no es la escena más importante. Hacia la mitad de la obra, Lisístrata pronuncia un discurso sobre cómo cree que se deben tratar los asuntos de la política. Utiliza una metáfora doméstica para decir: «Si tuvierais algún tipo de cordura, trataríais todos vuestros asuntos igual que nosotras tratamos la lana», y lo explica:

> En primer lugar, igual que lavamos un vellón sin curar, deberíais quitar el estiércol de oveja del cuerpo político dándole un baño, luego ponerlo sobre un lecho, apalearlo para eliminar a los sinvergüenzas y despojarlo de abrojos; y a esos que se reúnen y se aglomeran junto a los cargos públicos, habría que separarlos con el cardado y arrancarles... la cabeza. Después habría que cardar la lana y echarla en un cestito de unión y concordia, mezclándolos a todos; y también habría que integrar a los inmigrantes y a todo extranjero que sea amigo nuestro, y a quienes tengan deudas con el Estado, también a esos mezclarlos en el cesto [...] y luego hacer una gran bola de lana y con ella tejer un abrigo para la gente.[59]

Es una clara llamada a la política inclusiva, una política que una a los ciudadanos, los inmigrantes y los extranjeros (incluso a los que tienen deudas), y que excluya a los políticos aprovechados y a otros malvados. En el clima actual, suena como el manifiesto de un político visionario.

También es visionario el activismo de las ancianas en la obra, que toman la Acrópolis, donde se guardan las riquezas de Atenas. Se hacen con el control del tesoro, cuenta Lisístrata, «para poner a salvo el dinero e impedir que hagáis la guerra».[60] Incluso las acciones de las mujeres más jóvenes tienen una dimensión económica. Estas no solo dejan de practicar sexo con sus maridos, sino que también dejan de hacer el trabajo doméstico no remunerado; dejan de alimentar y atender a sus hijos y abandonan el cuidado de su hogar.

El activismo económico del ejército de Lisístrata encuentra su equivalente moderno en una ola de huelgas hechas por mujeres, no huelgas sexuales (excepto por las trabajadoras sexuales), sino huelgas en las que las mujeres dejan de hacer su trabajo, el remunerado y el no remunerado, dejan de ser mano de obra y abandonan el cuidado de su hogar. Un Día sin Mujer fue una acción de huelga celebrada el Día Internacional de la Mujer en 2017 en los Estados Unidos, durante el que se instó a las mujeres a no acudir al trabajo, no gastar dinero y vestirse de rojo en señal de solidaridad. Esta acción se combinó con acciones parecidas en todo el mundo, que se llevaron a cabo en el mismo día. En los Estados Unidos, la participación fue solo de unos pocos miles, pero, un año después, medio millón de mujeres hicieron la huelga en España. En Polonia, una huelga de mujeres en 2016 logró que el Gobierno revirtiera sus planes de imponer la prohibición absoluta del aborto. Como

Cinzia Arruzza, Tithi Bhattacharya y Nancy Fraser dijeron en su manifiesto *Feminismo para el 99%*: «Una nueva ola feminista está reinventando la huelga [...]. Al romper el aislamiento de los muros domésticos y simbólicos, las huelgas demuestran el enorme potencial político del poder de las mujeres: *el poder de quienes con su trabajo remunerado y no remunerado sostienen el mundo*».[61]

Es probable que una huelga de mujeres dé lugar a menos *hashtags* y artículos de opinión que una huelga sexual, pero es el mejor plan de acción política que nos ofrece el mito de Lisístrata.

3. Una dieta con Hipócrates

Los libros y los planes de dieta van y vienen. Sí a las grasas, no a los carbohidratos. Sí a encontrarse bien, no a contar calorías. Sí a los ayunos, no a las dietas cetogénicas. Lo que permanece constante en estos planes es el uso que hacen de Hipócrates, el antiguo padre griego de la medicina, para fomentar la dieta.

Entre los libros que se solían encontrar en mis estantes, se cita a Hipócrates en *The 17 Day Diet*; *The Adrenal Reset Diet: Strategically Cycle Carbs and Proteins to Lose Weight, Balance Hormones, and Move from Stressed to Thriving*; *Flat Food, Flat Stomach: The Law of Subtraction*; *Fat Loss Factor*; y *Eat Right 4 Your Type: The Individualized Diet Solution to Staying Healthy, Living Longer and Achieving Your Ideal Weight*. Hipócrates también protagoniza el calendario en línea de Weight Watchers con citas motivacionales para adelgazar. El calendario de Weight Watchers es un ejemplo del uso irresponsable que a menudo se hace de Hipócrates. La cita motivacional para el 8 de mayo dice así: «A grandes males, grandes remedios» (Hipócrates), un incentivo que es a la vez vago y alar-

mante y que parece contradecirse con la cita motivacional para
el 9 de mayo: «Todo en exceso se opone a la naturaleza» (Hipócrates).

Más frecuentemente se recurre a Hipócrates para ilustrar la
simple idea de que estar gordo no es saludable. Por ejemplo,
en el libro *Practical Pediatric Nutrition* se nos dice que la obesidad es «quizás la situación más obvia que presenta un riesgo
para la salud y que puede presentarse, y prevenirse, en la infancia. "La muerte súbita es más común en las personas de
naturaleza obesa que en las delgadas" (Hipócrates)».[62] Esta es
la frase más citada de Hipócrates y se emplea para alarmarnos:
si estás gordo, te morirás. Es un mensaje que concuerda con las
actitudes predominantes en nuestra sociedad con respecto a la
gordura, algo que nos ha de dar miedo. Se nos insta a «presentar
batalla» a la obesidad, como si los cuerpos gordos represen-
taran una amenaza equivalente a ISIS, y a «abordar» la obesidad como haríamos con alguien que invadiera nuestro hogar.
Este planteamiento, por supuesto, hace que una persona obesa
se sienta en guerra, y en guardia, contra su propio yo y la anima a ella y a los demás a tratar su cuerpo como a un enemigo
del estado, lo cual tal vez no sea la manera más saludable de
vivir, pero sobre eso volveremos después.

Puede que Hipócrates parezca una autoridad sorprendente
para quienes hoy escriben sobre salud. La medicina ha recorrido un largo camino desde los siglos v y iv a.C. Ya no vemos
a los médicos modernos afanándose por defender sus remedios. Su receta para la calvicie masculina consistía en aplicar

en la cabeza una mezcla de opio, rábano picante, excrementos de paloma, remolacha y especias, y si eso fallaba, la castración era una solución quirúrgica posible. Gracias a Dios, sus curas para las «enfermedades de las vírgenes» tampoco están de moda en la medicina pediátrica actual, ya que abogaban por que las niñas se casaran y tuvieran relaciones sexuales tan pronto como comenzasen sus menstruaciones, para evitar que enloquecieran.

Sin embargo, las dietas a menudo se venden apelando a la autoridad del pasado: del mismo modo que la locura de la dieta paleo se legitima en la era paleolítica, las dietas que citan a Hipócrates pretenden legitimarse apelando a su condición legendaria de primer médico occidental. Esto en sí mismo es ficticio porque Hipócrates no pudo haber escrito todos los tratados que sobreviven de la colección conocida como «Corpus hipocrático». Este contiene más de sesenta tratados, que fueron escritos durante un amplio período de tiempo; cuando hablamos de «Hipócrates», pues, nos referimos a él o a uno de sus colegas.

Hipócrates no habría apoyado la cultura dietética moderna: restricción de calorías en busca de un número en una escala, y una obsesión por estar delgados. Hipócrates desaprobaba la glotonería: el consumo excesivo y extravagante de comida, bebida y otros placeres corporales, pero ni Hipócrates ni otros escritores antiguos asociaban glotonería con obesidad. En la antigua Grecia, en términos generales, estar gordo solía tener connotaciones positivas de riqueza, prosperidad y opulencia,

mientras que la delgadez a menudo sugería pobreza y debili-
dad. La dificultad que implica traducir del griego antiguo al
inglés conlleva cierta incertidumbre. El adjetivo griego *pachus*,
que a menudo se traduce como «gordo», también puede significar «robusto» y «rechoncho». Además puede sugerir peso,
tanto físico como social, un matiz del que carece nuestro término *gordo*. Al presidente Trump y al expresidente Bill Clinton
(antes de que adelgazara) probablemente los habrían llamados
pachus.

En el «Corpus hipocrático», el cuerpo de cada uno de nosotros se considera que es constitucionalmente diferente y que
está configurado por distintos factores: geografía, medio ambiente, humores corporales, dieta y ejercicio. Para gozar de una
buena salud es crucial que todos estos factores mantengan
un equilibrio adecuado, pero en los escritos hipocráticos nunca se afirma que, si una persona está gorda, es importante para
su salud que adelgace.[63] Se nos dice que estar gordo podría ser
perjudicial para la fertilidad de las mujeres, pero como podría
serlo vivir en ciudades expuestas a vientos cálidos.[64] Hipócrates aconseja a las personas gordas (o fornidas) y que quieren
perder peso: no comas mientras hagas ejercicio; come antes de
enfriarte tras hacer ejercicio; bebe vino tibio y diluido antes
de hacer ejercicio; haz una comida al día; deja de bañarte; come
alimentos ricos y sazonados para sentirte más saciado, y duer-
me en una cama dura.[65] (No estoy segura de lo de dormir en
una cama dura, pero lo de beber vino antes de hacer ejercicio
me anima si voy a hacer una visita a la web 24 Hour Fitness).

Cuando se trata del cuerpo, el *equilibrio* es clave para Hipócrates. ¿Qué hay de la frase citada con más frecuencia en los libros de dietas, «Las personas que son gordas por naturaleza suelen morir antes que las que son delgadas»? Este es uno de los aforismos de Hipócrates y está intercalado entre la observación de que el individuo al que han colgado por el cuello y está inconsciente pero no del todo muerto no se va a recuperar si echa espuma por la boca y la opinión de que la epilepsia en los jóvenes se alivia muchas veces con «cambios de aire, de país y de forma de vida»[66].

No existe un contexto narrativo que amplíe y aclare el dicho. Ni siquiera el significado de esa breve línea no está del todo claro. En griego puede significar que las personas de naturaleza muy obesa tardarán menos tiempo en morir, cuando mueran, que las personas que son delgadas, no que morirán a una edad más temprana o prematuramente. Podríamos pensar que esto es algo *bueno*. Los aforismos también contienen otros consejos que son importantes para los gurús de la dieta modernos, pero estos los ignoran completamente. El aforismo 1.5 desaconseja las dietas restrictivas para las personas sanas (romper esa dieta era un riesgo para la salud), y el aforismo 2.16 advierte: «Cuando uno tiene hambre, no debe trabajar intensamente». La perspectiva de Hipócrates era bastante más complicada y variada de lo que suelen reconocer los libros de dietas modernos que lo mencionan. Cuando solo seleccionamos citas que presentan la obesidad de manera negativa, distorsionamos el cuadro más amplio contenido en el

«Corpus hipocrático» y reclutamos a Hipócrates como porta-
voz contra la obesidad, algo que él no fue.

¿Y qué más da si los mercachifles de dietas se apropian in-
debidamente de Hipócrates? No soy purista ni pedante cuando
se trata de cómo entendemos y usamos hoy la antigüedad. Citar de un modo impreciso textos antiguos puede ser productivo
y creativo.[67] La distorsión de Hipócrates me preocupa porque
la industria de la dieta utiliza sus escritos para fomentar la miseria y la enfermedad. Hace más de veinte años que doy clases
en universidades de Inglaterra y Estados Unidos. Según mi
experiencia, uno de los mayores problemas para el bienestar
de las estudiantes, tan importante como el estrés de los exámenes y las deudas económicas, son los trastornos alimentarios.
Cuando comencé a dar clases en la Universidad de Reading en
Inglaterra, una de mis alumnas, una muchacha joven, inteligente, guapa y llena de energía, murió de un ataque cardíaco
provocado por una bulimia crónica. Muchas más estudiantes
víctimas de la bulimia y la anorexia no han podido asistir a clases con regularidad, lo cual ha afectado a sus notas. Son innu-
merables las estudiantes (y colegas mías) que han contado que
están insatisfechas con su cuerpo. Una de mis compañeras hace
ayunos intermitentemente, otra rara vez come algo cuando está
en el trabajo, excepto una bebida de leche fermentada, y otra
no toma lácteos, cereales, gluten ni azúcar. Por supuesto, a los
hombres también les afecta la cultura dietética. Hasta el dios
nórdico Thor, en la película *Avengers: Endgame*, no puede evitar sentirse avergonzado por haber engordado. Sin embargo,

no ha quedado reducido a comercializar productos dietéticos como lo hizo Wonder Woman, con barritas ThinkThin parpadeando colgadas de sus pulseras; el mensaje: hacer dieta es empoderamiento. Como dice Roxane Gay, «el deseo de adelgazar se considera una característica predeterminada de la feminidad»[68]; en contraste, el deseo de adelgazar no es una característica predeterminada de la masculinidad. La infelicidad que causa una dieta «normal» y el estado mental que se adopta al obsesionarse con la comida son una alarmante pérdida de tiempo, energía y talento.

Entonces, ¿por qué me he pasado la mayor parte de mi vida, desde el final de la niñez, haciendo dietas? No lo hacía por razones de salud, aunque a veces dijera que lo hacía por eso, ya que gozo de muy buena salud. Tampoco era por sentirme más atractiva (cuando he estado delgada, no me he sentido más atractiva sino más aceptada). Creo que lo he hecho por dos razones. La primera es porque en nuestra cultura la delgadez implica éxito, mientras que la obesidad sugiere fracaso: apatía moral e intelectual y falta de autocontrol. La vida académica es tremendamente competitiva: yo quería tener éxito y *aparentarlo*. La segunda razón es que, así como la parte de investigación de mi trabajo se puede hacer en privado sin que nadie te mire (es bien sabido que el filósofo Jacques Derrida escribía en pijama), dar clases es distinto. El foco está orientado, literalmente, hacia mí, igual que los ojos evaluadores de mis alumnos. El escrutinio y el desprecio de los estudiantes universitarios pueden llegar a ser despiadados.

En el mundo académico, no menos que en el resto de la sociedad, el estigma y la vergüenza por la apariencia de uno son rutina. En los últimos tiempos se ha objetado el sistema de cuestionarios de evaluación de la enseñanza, el *feedback* de los estudiantes, que desempeña un papel en la evaluación de nombramientos y promociones, debido a los prejuicios raciales y de género: algunos estudios han demostrado que los estudiantes emplean un lenguaje diferente, y menos positivo, para profesoras mujeres y profesoras de color. Leer los cuestionarios de los estudiantes en los que comentan el aspecto de los profesores puede hacer que el profesor obeso se sienta troleado. La popular web Rate My Professor animó durante muchos años a evaluar el aspecto de los profesores, así como su actividad docente. En esta web los estudiantes publican sus evaluaciones públicas de los profesores, incluidas, hasta 2018, puntuaciones sobre el grado en que soportan lo «picante»: ¿Cuántos chiles comió? Los profesores también emiten juicios, aunque pocos manifiestan con tanta claridad su desprecio como el profesor de Psicología de la Universidad de Nuevo México que, hace unos años, envió este tuit: «Estimados solicitantes de doctorado obesos: si no habéis tenido la fuerza de voluntad para dejar de comer carbohidratos, no tendréis la fuerza de voluntad para hacer una tesis doctoral #truth».[69]

¿La Grecia y la Roma antiguas debían de aceptar mucho más a las personas gordas que la América del Norte actual? Es difícil saberlo porque las cifras relativas a mujeres respetables no se solían mostrar ni discutir. Las imágenes de las personas representadas en los jarrones son muy estilizadas, y el peso en sí no era un tema de debate. La insistencia griega en una disciplina corporal rigurosa (el atletismo para los hombres y, en Esparta, también para las mujeres), junto con una alimentación frugal, debieron hacer que la obesidad fuera mucho menos común de lo que es hoy. Es importante no caer en la trampa de idealizar la antigüedad; no hay pruebas que demuestren que estar gordo fuera una marca de belleza en la antigua Grecia como lo es, pongamos, en la Mauritania moderna.

Sin embargo, una buena pista de lo que resultaba atractivo nos la ofrecen las estatuas de Afrodita (o Venus, como la llamaban los romanos), la diosa del amor y de la lujuria. Se la representa en diferentes tamaños y posturas. El tipo de estatua conocida como Afrodita agachada, cuyo origen se cree que se remonta al siglo III a.C. y que los artistas romanos copiaron y adaptaron con frecuencia, muestra a la diosa desnuda, en postura agachada, y su estómago presenta varios pliegues de carne. Cuando los estudiosos se refieren al curvilíneo cuerpo femenino de las estatuas suelen hacerlo en términos de «símbolo de la fertilidad».[70] Puede que tengan razón, pero el lenguaje de la fertilidad es más bien clínico, y recuerda las tablas de la ovulación y las inyecciones de hormonas. Nos podría hacer olvidar que Afrodita es, por encima de todo, *sexy*. Las estatuas de Afrodita y Venus eran el epítome de la hermosura

GETTY IMAGES / DEA / ARCHIVIO J. LANGE

Si Afrodita estuviera viva hoy, le recomendarían ponerse a dieta. (Afrodita agachada, siglo II d.C.).

en la Grecia y la Roma antiguas, pero si hoy cobrasen vida, se les recomendaría que se pusieran a dieta.

Estas estatuas son la medida de cómo han cambiado los tiempos y los estándares de belleza. Hace apenas cien años, las universidades de artes liberales para mujeres en el noreste de los Estados Unidos organizaban concursos para ver cuál era la estudiante que tenía un cuerpo más parecido al de la estatua conocida como la Venus de Milo. El Wellesley College en Massachusetts tomó las medidas de todas las estudiantes una por una y luego, el 10 de febrero de 1916, hizo públicos los datos. Los datos se utilizaron para presumir de la belleza de las mujeres de Wellesley: los datos indicaron que la cintura media de las estudiantes de la universidad medía media pulgada menos que la de la Venus de Milo. Cinco días después, el *Chicago Daily Tribune* informaba, en su portada, que la Venus agregada de Wellesley había sido «superada por la señorita Margaret Willett, belleza del Swarthmore College y campeona de atletismo femenino, según las medidas de la señorita Willett que hoy han hecho públicas sus amigos». El artículo, titulado «Las mejores Venus de Wellesley: la chica de Swarthmore, según dicen quienes al medirla vieron que tenía una figura perfecta», continúa explicando: «En las medidas de altura, peso y cintura, la chica de Swarthmore varía solo en una mínima fracción de pulgada de la Venus de Milo. El busto es prácticamente igual y las medidas de las piernas son casi idénticas».[71]

Absurdo. Para empezar, la idea de que las estudiantes pesaban lo mismo y tenían medidas similares, incluida la altura, a las de la Venus de Milo no puede ser cierta. La Venus de Milo, como se puede comprobar si se visita en el Museo del Louvre en París, mide 6 pies y 8 pulgadas de altura. No sé cuánto debe de pesar la estatua, pero puesto que está hecha de sólido mármol, mucho más que una estudiante universitaria. A menos que las estudiantes de Wellesley y Swarthmore fueran como comunidad increíblemente altas y pesadas, además de tener un estómago plano y un busto modesto, sus medidas no podían haber sido casi idénticas a las de la Venus de Milo. Se dijo que la señorita Willett pesaba 132 libras y que medía 5 pies y 4,8 pulgadas de altura.[72] Una explicación probable es que las chicas se midieron contra un molde, o varios, de yeso de la Venus de Milo. Sabemos que una figura en yeso de la Venus de Milo se encontraba entre las réplicas de antigüedades alineadas en los pasillos del Wellesley College, y que otras universidades tenían sus propias figuras en yeso.[73] Darse cuenta de que el ideal estético para las estudiantes era un molde de yeso de la Venus de Milo pone de manifiesto (una de las maneras en) que fue un ejercicio ridículo y que desvirtúa la futilidad de todas esas precisas mediciones. A fin de cuentas, las figuras de yeso vienen en una amplia gama de alturas y pesos.

¿Y qué hacemos con la espantosa práctica de los profesores universitarios que miden el cuerpo de las estudiantes? Esta fue una práctica habitual con las mujeres (y, en menor medida, con los hombres) en las universidades de élite desde la década de 1890, cuando los profesores de educación física, como el doctor Dudley Allen Sargent, director del Gimnasio Hemenway de la Universidad de Harvard, recopilaban tarjetas de medidas de estudiantes de una serie de instituciones con fines de investigación.[74] En 1893, Sargent utilizó estos datos para diseñar una estatua basada en cálculos integrados por medidas de estudiantes mujeres. Se expuso en la Feria Mundial de Chicago de aquel año y se conoció como la Venus de Harvard. Se invitó a las visitantes de la feria a comparar su propio cuerpo con el de la estatua, dando así continuidad al empleo de las estatuas de Venus como referente con el que medir el cuerpo de mujeres reales, pero con una diferencia: esta estatua se hizo utilizando datos de cuerpos de mujeres reales.

La creación de una imagen de belleza ideal a partir de un compuesto de cuerpos de mujeres reales es una práctica que se remonta al famoso artista griego Zeuxis, que vivió durante el siglo v a.c. Una anécdota sobre Zeuxis cuenta que, al no encontrar a una mujer lo bastante hermosa para posar para un cuadro de Helena, la mujer más bella del mundo, buscó cinco mujeres diferentes para que posaran para él y pintó a Helena a partir de una compilación de las mejores características de cada una de ellas.[75] Otra anécdota nos cuenta cómo murió Zeuxis. Una anciana (seguramente, atendiendo a la lógica del cuento, poco atractiva) le encargó que hiciera una pintura de Afrodita, e insistió en posar ella misma para la pintura. Mientras intentaba pintar, Zeuxis se murió de risa.[76] Esta anécdota satiriza a Zeuxis y su método «realista» de pintar, así como la relación entre modelo y sujeto. También muestra que burlarse de las mujeres que quieren verse a sí mismas como hermosas viene de antiguo.

Me pregunto si una estudiante de Wellesley o de Swarthmore o de Harvard que hubiera nacido sin brazos, o que los hubiera perdido más tarde en la vida, habría sido considerada la belleza perfecta.[77] El impulso de idealizar, visto en la práctica de comparar mujeres con la Venus de Milo, es tan fuerte que ignora o pasa por alto el hecho de que la estatua carece de brazos, debido a los daños que sufrió antes y después de ser desenterrada en 1820. La famosa estatua *Alison Lapper embarazada*, esculpida por Marc Quinn como un retrato de la artista británica Alison Lapper, que nació sin brazos, se hace eco de la Venus de Milo y destaca cómo la estatua antigua se puede utilizar como modelo para ver belleza en la discapacidad y que la perfección adopta muchas formas.[78]

Gran parte del comportamiento del doctor Dudley Sargent resulta repulsivo a nuestra sensibilidad, pero su elección de la Venus de Milo como paradigma ideal de la feminidad estadounidense fue, en un sentido importante, radical. Fue una reacción contra el ideal femenino del período victoriano, cuando las mujeres usaban corsés y vestidos con miriñaques y, por lo tanto, tenían cinturas diminutas y oprimidas y caderas y culos exagerados. En un artículo de *Harper's Bazar* de 1897 titulado «Sorrows of the Fat», Edith Bigelow escribía sobre el «delito» y la «deformidad» de la obesidad. Para Bigelow, Venus no era la belleza ideal porque estaba demasiado rechoncha para la moda del momento: «La propia Venus no podía abrocharse esos corpiños, y si usaba corpiños se los tendrían que hacer por encargo». Continuaba diciendo que solo en el mundo incivilizado de África las mujeres gordas eran consideradas hermosas.[79] «Sorrows of the Fat» formaba parte de una tendencia de los siglos XVIII y XIX, tanto en las teorías científicas como en la cultura popular, que vinculaba la obesidad a la negrura y la delgadez a la blancura. La socióloga Sabrina Strings ha demostrado que la fobia a la obesidad en relación con las mujeres negras no fue debida a preocupaciones médicas sobre la salud, sino a la asociación durante la era de la Ilustración entre obesidad, negrura, estupidez y salvajismo. Por el contrario, y al mismo tiempo, creció una asociación entre delgadez, blancura, inteligencia y civilización. Estas imágenes, como dice Strings, «se utilizaban para degradar a las mujeres negras y disciplinar a las mujeres blancas».[80]

Hubo que esperar a que estas ideas racistas y misóginas se afianzaran para que los escritos médicos utilizaran la «ciencia» para confirmar la indeseabilidad de estar gordo. Esta es otra razón por la que citar a Hipócrates en los libros de dietas modernos es falaz: sugiere que existe una línea ininterrumpida de aprobación médica de la gordura desde la antigüedad hasta hoy, y oculta el hecho de que las actitudes respecto al tamaño corporal son, y han sido, mucho más que medicina y salud. La industria dietética se fundamenta en una ideología de prejuicios raciales y de género.[81]

Mi experiencia, así como la de la mayoría de hombres y mujeres que conozco, es que las dietas no funcionan. Después de cada pérdida de peso significativa, lo he recuperado todo y *aún* más. Me pusieron a dieta por primera vez cuando tenía diez años y mi madre me dijo que mi trasero parecía un estante. Me dejaban ingerir mil calorías por día, más una bolsa de chocolatinas Maltesers como premio todas las noches. Si me permito zambullirme en el recuerdo, todavía siento el deseo que me apremiaba por esos Maltesers, la vergüenza de quererlos de manera tan desesperada, el sabor del papel rojo arrugado cuando lo lamía para rebañarlo. Jamás me había interesado particularmente por esas chocolatinas, pero racionar la comida las hizo aún más deseables. Mi historia no es una excepción. «Resultados diferentes» es lo que dicen todos los anuncios que elogian la pérdida de peso de un personaje famoso y, aun así, seguimos dedicando tiempo, dinero y fe a las dietas. Se nos dice tantas veces, y de tantas maneras distintas, que estar gordo equivale a no estar sano, que los factores económicos en los que se basa tal creencia permanecen ocultos. Gran parte de la «salud» moderna está impulsada por intereses financieros de las empresas farmacéuticas. Un ejemplo: que una persona tenga o no sobrepeso o presente obesidad se determina generalmente tomando como referencia el índice de masa corporal (IMC). El IMC se estableció utilizando estándares elaborados por la Organización Mundial de la Salud (OMS), que se basó en las recomendaciones de la International Obesity Task Force (IOTF). En aquel momento, los dos principales patrocinadores de la IOTF eran compañías farmacéuticas que tenían el monopolio de la venta de medicamentos para adelgazar. Imagínense.

Existe evidencia científica de que hacer ejercicio con regularidad prolonga la vida, pero no de lograrlo adelgazándonos.[82] Todavía no se han llevado a cabo investigaciones sobre los perjuicios que causan los médicos al recetar dietas, avergonzar a los pacientes gordos y diagnosticarlos erróneamente porque no alcanzan a ver más allá de sus propias suposiciones sobre la gordura. La periodista Laura Fraser cuenta que su hermana, Jan Fraser, murió a los cincuenta y nueve años de cáncer de endometrio, en 2016. El cáncer de endometrio es un cáncer relativamente fácil de diagnosticar, pero en el caso de Jan pasó desapercibido. Según Jan, su obstetra y ginecólogo no veía más allá de su tamaño: «No hizo nada por mí y no encontró nada. Simplemente me veía como una mujer mayor, gorda y quejica».[83] En 2018, Ellen Bennett, otra mujer obesa que murió de cáncer a una edad temprana, utilizó su propio obituario para atacar a los profesionales médicos por haberla avergonzado en lugar de tratarla: «Después de encontrarse mal durante los últimos años, acudió a los médicos y nadie le prestó ningún tipo de apoyo, ni le ofreció sugerencia alguna más allá de que se adelgazara. El último deseo de Ellen era que las mujeres gordas hicieran que su muerte importara defendiendo firmemente su salud y no aceptando que el estar gordo fuera el único problema de salud relevante».[84] Mi propia abuela, una mujer de setenta años, animosa y con ganas de vivir, experimentó un trato similar. Tenía una úlcera de estómago que no le fue diagnosticada. Cuando se quejaba de dolor, su médico no le hacía pruebas, sino que le decía que adelgazara. Al padecer una úlcera sin tratamiento tuvo una muerte dolorosa y evitable.

Cuando se trata de personas gordas, la profesión médica falla repetidamente sin lograr honrar el juramento hipocrático, con el que todos los médicos se han comprometido. Parte del juramento es «recordar que sigo siendo un miembro de la sociedad, con obligaciones especiales para con *todos* mis semejantes» (la cursiva es mía) y cumplir la máxima de «primero no hagas daño» (esto no forma parte, como se suele creer, del juramento propiamente dicho, pero encontramos un sentimiento equivalente en las *Epidemias* de Hipócrates).[85]

Incluso cuando existe evidencia de que estar gordo en determinadas circunstancias podría ser beneficioso para la salud, se le quita importancia. Fijémonos en un artículo, titulado «La obesidad y las enfermedades cardiovasculares: factor de riesgo, paradoja y el impacto de la pérdida de peso», en el *Journal of the American College of Cardiology*.[86] Los autores analizan numerosos estudios que documentan que las personas con sobrepeso y obesidad (según su terminología) que padecen una enfermedad cardiovascular diagnosticada tienen un pronóstico mejor en comparación con los pacientes que no tienen sobrepeso ni son obesos. A esto lo llaman la «paradoja de la obesidad», que es una formulación peyorativa. Se podría decir con más precisión que se trata de una evidencia que contradice y complica la visión científica dominante de que la obesidad es simplemente, siempre y en todos los sentidos, perjudicial. En un breve apartado, los autores se refieren a la correlación entre un IMC alto y el riesgo de embolia. Concluyen el apartado —y aquí, una vez más, la retórica sustituye al análisis— citando esa frase demasiado usada de Hipócrates: «La muerte súbita es más común en las personas de naturaleza obesa que en las delgadas». Luego, aclaran que «recientemente se ha informado de que la mortalidad después de un *bypass* gástrico es más alta de lo esperado» (en otras palabras, «la muerte súbita es más común en quienes se someten a una cirugía de *bypass* gástrico»), pero concluyen que esto no debería entorpecer la «reducción de peso voluntaria».

Conseguí liberarme de la desdicha de hacer dieta cuando empecé a practicar la alimentación intuitiva, un enfoque que nos enseña a crear una relación saludable con la comida, la mente y el cuerpo, y que consiste en escucharnos a nosotros mismos y a las señales de nuestro cuerpo, no a los expertos en medicina.[87] La alimentación intuitiva se basa en dos principios fundamentales: respetar el hambre comiendo hasta sentirnos saciados (aquí lo complicado es aprender a distinguir entre hambre y apetito), y si normalmente comemos hasta que nos sentimos demasiado llenos, examinar por qué lo hacemos y abordar las causas de la alimentación emocional. Estos dos principios resuenan en el debate sobre la autocomplacencia en *Ética nicomáquea*, una obra del filósofo Aristóteles, que vivió en el siglo después de Hipócrates. Tengo que subrayar que el lenguaje de Aristóteles queda muy lejos del de la alimentación intuitiva, que hace hincapié en que uno debe ser amable consigo mismo: el autor es estricto con la moderación y censura a quienes se exceden en la comida y la bebida (a los que llama *gastrimargoi*, «gula», y califica el comer en exceso de bestial). Sin embargo, está interesado en la psicología del comer en exceso.[88] Ahora sabemos que hay muchas respuestas a por qué la gente suele comer cuando ya no tiene hambre: utilizamos la comida para afrontar la sobreestimulación, para adormecer las emociones y para protegernos (entre quienes comen de manera compulsiva, un número significativo son supervivientes de abusos físicos y sexuales).[89] Por supuesto que Aristóteles no identificó a este tipo de personas, pero en lo que se refiere a respetar el hambre que tenemos (independientemente de nuestro tamaño, ya que al filósofo no le preocupaba la gordura) y a abordar la pregunta de por qué comemos en exceso, puede que Aristóteles (si reiniciamos deliberadamente) sea un mejor camino hacia la salud moderna que Hipócrates.

Elegir qué pensadores antiguos consideramos autoridades en el mundo moderno, y cómo los interpretamos selectivamente, es un asunto politizado con ramificaciones en la vida real. La antigüedad clásica es lo suficientemente rica y variada como para proporcionar material que pueda contrarrestar los relatos que le hemos arrancado y que hemos construido sobre ella. La llamada de Aristóteles a comer hasta la saciedad y a reflexionar sobre las razones de comer en exceso es una mejor receta para la felicidad y la salud humanas que el aforismo de Hipócrates, secuestrado por la industria dietética para asustarnos a todos y hacernos morir de hambre, purgarnos y hacernos hacer cosas raras con jarabe de arce y pimienta de cayena. Es una receta para acercarnos a nosotros mismos con bondad y curiosidad, y eso es algo verdaderamente positivo.

4. Los controladores de mujeres

Tengas la talla que tengas, debes tener cuidado, si vas a la escuela, de no exhibir demasiado tu cuerpo. Lo que significa demasiado no está determinado por el clima, la moda o el bienestar de la niña, sino que lo dicta el código de vestimenta de la escuela. Cuando mi hija, Athena, cursaba la enseñanza secundaria, la directora del colegio, que además era la esposa del director, les dijo a las niñas que no se les podían ver los tirantes del sujetador, que no lucieran escotes y que no vistieran faldas cortas porque todo eso *distraía a los profesores hombres*. A ver si lo he entendido bien. La esposa del director dijo a niñas de doce años o un poco más mayores que tenían que cubrirse los tirantes del sujetador, el escote y los muslos para no distraer a su esposo y a sus colegas masculinos. Cuando las niñas indicaron que esto era espantoso e inapropiado, les dijeron que la profesora no se había expresado bien: lo que había querido decir era que sería «una distracción para el entorno académico». Ahora ya sabemos lo que significa esta frase.

Vigilar la vestimenta de las alumnas de las escuelas ha pasado a ser una especie de pánico moral. Pocas escuelas han llegado al extremo de la Lord Gray School en Buckinghamshire, Inglaterra, donde, el primer día de curso, mandaron para casa a setenta alumnas alegando que llevaban faldas demasiado cortas o pantalones demasiado ajustados, pero a las niñas se las «reglamenta» todos los días por vestir prendas que, a juicio de los directivos escolares, «distraen». Según el código de vestimenta de la escuela de secundaria de Athena, en lo que respecta a faldas y pantalones cortos, «su largura debe sobrepasar el nudillo del dedo corazón de la mano con los brazos estirados junto al cuerpo». Acaloradas discusiones en los probadores de H&M sobre si los pantalones cortos realmente sobrepasaban en largura el nudillo de su dedo medio, o si solo lo sobrepasaban cuando Athena se inclinaba hacia el lado que estaba midiendo para conseguir que los pantalones parecieran más largos.

En caso de duda, en el manual de la escuela se nos advertía de que «prevalecerá el juicio del director sobre la idoneidad del aspecto de los alumnos, tanto si la vestimenta está descrita como si no en el manual o en las directrices complementarias». La escuela imponía así una percepción adulta de lo que era sexualmente excitante para el alumnado. Permitía el tipo de locura autoritaria que hizo que la escuela mandara a casa a Stephanie Hughes, una alumna de la Woodford County High School en Kentucky, porque se le veía la *clavícula*. Según la madre de Stephanie, en la escuela le dijeron que la clavícula de su hija podría distraer a los estudiantes varones.

¿Por qué hay que hacer este seguimiento obsesivo de la ropa del alumnado? El aspecto exterior de las niñas está sujeto a un intenso escrutinio. Tanto a los niños como a las niñas de color también se les vigila la ropa y el pelo. Muchas escuelas, incluida la de secundaria de Athena, prohíben «peinados exagerados como las rastas», y a los niños afroamericanos y nativos americanos se les castiga por costumbre por llevar el pelo con su textura natural o por lucir extensiones trenzadas.[90] Cuando los códigos de vestimenta se refieren directamente a la ropa de los alumnos varones, lo que está prohibido son los pantalones caídos y las joyas, supuestamente para evitar la actividad de las bandas, a pesar de que estos estilos llevan mucho tiempo formando parte de la moda convencional. Los más partidarios de estos modos de vestir son el alumnado latino y los estudiantes afroamericanos y, por lo tanto, son estos los que transgreden el código de vestimenta.

Sea cual sea el objetivo de estos códigos de vestimenta, está claro que no se trata de «proteger el entorno académico», signifique lo que signifique esa frase. Mi vida adulta ha transcurrido en entornos académicos, en los Estados Unidos y en el Reino Unido, y no son una especie en peligro de extinción. Ni tampoco todos siguen el mismo patrón. En la Universidad de Cambridge, tanto profesores como estudiantes visten como les apetece. *Leggings*, tejanos y suéteres son más comunes que traje y corbata, y no son pocos los estudiantes que se tiñen el pelo o se lo afeitan. En cuanto a los profesores, no son muchos los famosos por su sentido de la moda, y en las raras ocasiones en que sale el sol, así queda demostrado cuando aparecen las camisas hawaianas y las sandalias con calcetines. Para presidir actos formales, como exámenes o cenas de etiqueta, muchas veces se exige vestir el traje académico. Consiste en unas togas largas y negras, parecidas a una capa, magníficas para disimular manchas pero que hacen que el profesorado parezca una tormenta de cuervos enloquecidos. No deja de ser sorprendente que todavía se realice una labor docente de primera línea.

En la Universidad de California en Santa Bárbara (UCSB), donde ahora doy clases, los profesores suelen vestirse con más elegancia que los de la Universidad de Cambridge, pero la mayoría de los estudiantes visten con prendas cómodas. Cuando la temperatura alcanza los veintisiete grados, el campus parece una fiesta para celebrar las vacaciones de primavera. Algo que me desconcertó fue ver que las prendas que estaban prohibidas en la escuela secundaria de mi hija eran comunes en la universidad situada en la misma calle, un poco más arriba. Las aulas en las que imparto clases son un mar de tirantes finos y *shorts* cortos. Todos los días, alumnas con los tirantes del sujetador bien visibles escriben trabajos excelentes sobre ingeniería química e informática. Sus compañeros de estudios y sus profesores logran disertar sobre historia militar y filosofía analítica ante estas jóvenes sin perder la concentración. A pesar de la omnipresencia de las clavículas femeninas a la vista, la UCSB cuenta con seis galardonados con un premio Nobel. El entorno académico lo crean todas las personas que se unen con el deseo de aprender y enseñar, no midiendo con una cinta métrica las faldas de las niñas.

Los códigos de vestimenta son necesarios, según la opinión de algunos educadores, porque la moda de las niñas ha cambiado. Hoy, la moda sexualiza a las niñas como no lo hizo nunca en generaciones anteriores, ya que reciben el estímulo de las estrellas del pop hipersexis, bailando en sus vídeos musicales. Christine Handy-Collins, directora del instituto, observa que lo que hoy en día se considera sexi es diferente a lo que se consideraba sexi en su juventud, en las décadas de 1970 y 1980: «Quieres verte bien. Quieres vestir a la moda. Eso siempre ha sido así —dice—. Pero nuestra minifalda era diferente a su minifalda».[91] Diane Levin, autora de *So Sexy, So Soon*, apunta hacia la desregulación de la televisión en la década de 1980, un cambio que legalizó la promoción de juguetes infantiles que estaban vinculados a programas de televisión, por ejemplo las muñecas Bratz, cuyos ojos de ciervo, labios de plástico y microfaldas hacen que Barbie se vea desaliñada. Así pues, ¿una conspiración entre Bratz, Nicki Minaj y Abercrombie & Fitch? Bueno, no. Y no solo porque esta línea de razonamiento culpe, en última instancia, a las niñas, que, como consumidoras de cultura pop y compradoras de moda, son cómplices de convertirse a sí mismas, según esta lógica, en objetos de distracción. También porque ver los códigos de vestimenta como un fenómeno nuevo, como una respuesta del siglo XXI al cuerpo femenino, ignora el hecho de que controlar la vestimenta de las mujeres no es únicamente una práctica actual. Tiene una historia larga y abominable.

Las antiguas normas griegas y romanas son una parte pequeña, pero fundamental, de la larga historia de los códigos de
vestimenta.[92] En sus orígenes tenemos a los *gunaikonomoi*, los
«controladores de mujeres», de la antigua Grecia. Los *gunaikonomoi* eran funcionarios municipales, elegidos para el cargo,
cuya responsabilidad era garantizar que las mujeres vistieran
y se comportaran de una manera apropiada.[93] En la mayoría de
las ciudades, a las mujeres respetables no se les permitía mos-
trarse mucho en público; pasaban mucho tiempo en casa en las
habitaciones reservadas a las mujeres. Las esclavas y las pobres se veían obligadas a aventurarse en busca de agua o trabajo. La ciudad de Esparta escandalizó a los ciudadanos de
otras ciudades griegas al permitir que sus mujeres hicieran ejercicio en zonas públicas de entrenamiento, pero, en general, la
única vez que las mujeres respetables salían públicamente en
la antigua Grecia era para los festivales religiosos y actos como
funerales y bodas. Es probable que incluso la participación de
las mujeres en los festivales estuviera vigilada por los controladores de mujeres, quienes, según creen los estudiosos, ele-
gían qué niñas y mujeres iban a ser seleccionadas para ejercer
los codiciados papeles en los festivales. Por ejemplo, todos los
años, en Atenas, se escogía a dos niñas de entre siete y once años
para servir en el culto de Atenea Polias (Atenea, en su papel
de diosa patrona de la ciudad), y luego para desempeñar papeles importantes en la Arreforia, un festival en honor a la diosa.
A las mujeres que habían cometido adulterio se les prohibía
participar en los festivales atenienses y entrar en los templos,

y es posible que el trabajo de los *gunaikonomos* fuera mantener registros de las mujeres que habían sido declaradas culpables de cometer adulterio, y de hacer cumplir la ley que las excluía de la vida pública religiosa.

Julius Pollux, profesor de retórica en Atenas durante el siglo II d.C., definió a los *gunaikonomos* como «una oficina encargada del orden entre las mujeres». La palabra griega que he traducido como «orden» es *kosmos*. Significa universo (orden en medio del caos) y también algo bien dispuesto o adornado: de este término proceden las palabras *cosmos* y *cosmética*. Encontramos pistas sobre estos controladores de mujeres en tres inscripciones de Pérgamo y Esmirna (donde ahora se encuentran las ciudades de Bergama e Izmir en Turquía); las inscripciones se refieren a un funcionario, probablemente el *gunaikonomos*, que era «el supervisor del decoro (*eukosmia*) en las niñas». *Eukosmia* significa «buen orden» o «buen adorno», el término tiene las dos connotaciones. El control de los adornos era inseparable del control del orden; el atuendo y el comportamiento estaban íntimamente asociados.

Para nosotros es difícil averiguar exactamente cuáles eran los códigos de vestimenta, en parte porque las pruebas de las que disponemos son irregulares, en parte porque las diferentes ciudades y festivales tenían reglas distintas, y en parte porque mucho de la práctica religiosa y de culto permanece envuelto en el misterio. Una inscripción (de Andania, una ciudad de la antigua Mesenia, en el suroeste del Peloponeso) prohíbe los accesorios de oro, el colorete en las mejillas, las cintas en el pelo, las trenzas y todo tipo de calzado, excepto los hechos de fieltro o cuero sagrado. No estaba permitido que el atavío de la mujer fuera demasiado caro y a las mujeres de diferentes estatus se les asignaban diferentes límites de gasto: a las sacerdotisas sagradas se les permitía el gasto más elevado, 200 dracmas, a otras niñas se les limitaba a 100 dracmas y a las esclavas, a 50 dracmas. A ninguna mujer se le permitía llevar más de dos prendas: una gran capa o abrigo, llamado *himation*, y un vestido debajo. La ropa transparente estaba prohibida explícitamente. También había normas relativas a las cintas de color en la ropa, aunque no se sabe con precisión cuáles eran las reglas. Lo que sí está claro es que las mujeres tenían que someterse al control de los *gunaikonomoi* para que revisaran su ropa.

Se sabe de varios castigos infligidos a las mujeres que incumplían los códigos de vestimenta, o que de alguna manera transgredían el ordenamiento. La inscripción de Andania sugiere que los *gunaikonomos* rasgaban las prendas que violaban el código de vestimenta y se las dedicaban a los dioses: «Si una mujer viste otra ropa, que contraviene el decreto, o alguna otra prohibición, los *gynaikonomos* no lo permitirán y tendrán el poder de rasgarla y dedicarla a los dioses». ¿Lo hacían en el acto, arrancando el vestido a la mujer y desnudándola públicamente? No lo sabemos con certeza, pero es una posibilidad clara. Incluso si a la mujer infractora se le permitía regresar a casa, cambiarse de ropa y llevar la prenda al funcionario para que la rasgara y se la dedicara a los dioses, la ofrenda de la ropa rota se tenía que hacer en un lugar público.

La pregunta no es si el castigo era humillante, sino en qué medida lo era. En otros sitios leemos que las niñas y las mujeres que infringían el código de vestimenta eran sancionadas, y la notificación de la transgresión se colgaba en un tablón blanco en un plátano en una zona pública; avergonzar era parte de la sanción. Por infracciones de vestimenta y comportamiento graves se podía apartar a las mujeres de la vida religiosa de la ciudad hasta diez años. En otras palabras, las mujeres que hacían enfadar a los controladores de mujeres podían ser sometidas a una especie de arresto domiciliario, exiliadas de los pocos ámbitos de la vida pública de los que antes se les permitía disfrutar.

Una de las pruebas más importantes sobre los *gunaikonomoi* es *La vida de Solón* de Plutarco, un libro escrito en griego durante el Imperio romano, en el que Plutarco describe una serie de restricciones impuestas a las mujeres atenienses por el legislador Solón, a principios del siglo VI a.C. Varias de estas restricciones son para controlar la ropa y el comportamiento de las mujeres. Cuando estaban fuera de la casa, se nos dice, las mujeres no debían usar más de tres prendas exteriores. Si viajaban de noche, tenía que ser en una carreta con una lámpara en la parte delantera, una regla presuntamente diseñada para evitar relaciones adúlteras. Se regulaba el comportamiento de las mujeres en los funerales; estaban prohibidas las demostraciones públicas de dolor que eran demasiado apasionadas y largas. Plutarco viene a decir que en este aspecto también los hombres eran castigados por los *gunaikomonoi* cuando demostraban excesiva emoción y mostraban lo que él llama «un comportamiento poco varonil y femenino».

Otra fuente, esta del siglo III a.c., citada por un contemporáneo de Plutarco, nos dice que, en Siracusa, «las mujeres no deben llevar adornos de oro ni prendas estampadas con flores, ni túnicas con bordes rojos, a menos que manifiesten ser una prostituta disponible para todos».[94] Diferenciar a las prostitutas de las mujeres respetables mediante los códigos de vestimenta era una práctica que continuó en el Imperio romano. En aquella época, a las prostitutas y las mujeres adúlteras se las llamaba *togata*, «las que llevan toga». Las mujeres castas se llamaban *stolata*, «las que llevan vestido». La toga era el vestido típico de los hombres o, al menos, del que era lo suficientemente rico para permitírselo. A diferencia de la típica representación actual de las togas en fiestas de hermandad y películas históricas, donde las togas más parecen una sábana blanca, las togas en el mundo romano eran de colores brillantes, a menudo amarillo azafrán.[95] Al llamar a las prostitutas y a las mujeres adúlteras las que llevan toga, la sociedad romana señalaba de manera visible y cruda a las niñas y a las mujeres que infringían las reglas sexuales.

Antes de la letra escarlata hubo la toga amarilla: algunas fuentes indican que las prostitutas y las mujeres declaradas culpables de adulterio estaban obligadas a vestir toga. Este código de vestimenta se les imponía como parte de su castigo. Tal vez avergonzara a las mujeres marcadas por la sociedad como sexualmente transgresoras al sugerir que sus apetitos eran los de los hombres y, por eso, debían vestirse como ellos. Así era, la toga señalaba a las prostitutas como figuras públicas; las mujeres romanas respetables no se mostraban en público sin acompañantes, pero las prostitutas sí, y, al estar obligadas a llevar toga, se reconocía su presencia pública de una manera ideada para humillarlas.

Los expertos no están muy seguros de cuándo cesó la práctica de elegir a los controladores de mujeres. El político romano Cicerón, que escribió alrededor del 45 a.C. durante la República romana, argumentaba que la ciudad de Roma no debería elegirlos, aunque no porque él fuera una de las primeras feministas: «Y no establezcamos un prefecto sobre las mujeres, a la manera del cargo elegido entre los griegos, sino que haya un censor, para enseñar a los maridos a controlar a sus esposas».[96] En efecto, Cicerón es partidario de la privatización y domesticación del trabajo de los funcionarios encargados de controlar a las mujeres. Quizá se acabara con la elección de reguladores estatales, pero la práctica reguladora se mantuvo.

Hubo una ocasión digna de destacarse en que las mujeres se enfrentaron a los hombres que controlaban su vestimenta y su comportamiento. Aproximadamente 170 años antes de la disertación de Cicerón sobre los controladores de las mujeres, se aprobó una ley que prohibía a las mujeres llevar encima más de la mitad de un onza de oro (lo cual limitaba sus posibilidades de lucir joyas de oro) y usar prendas multicolores (y por lo tanto caras). Se conoció como la Ley Opia y se introdujo en el 216 a.C. como medida de emergencia, durante la guerra. Durante este período de austeridad, existía la preocupación de que la exhibición conspicua de riqueza socavaba los valores militares tradicionales y fomentaba la corrupción.[97] Pero las medidas de emergencia se utilizan a menudo para imponer un mayor control social, y los estudiosos sugieren que la verdadera razón de la legislación era frenar una visibilidad e independencia cada vez mayores de las mujeres romanas.[98] Fuera o no cierto, lo que está claro es que la ley era un medio para vigilar el comportamiento y la libertad de circulación de las mujeres romanas: también prohibía a las mujeres viajar en carruajes por Roma y por cualquier ciudad o pueblo, salvo si era para practicar ritos religiosos públicos. Una vez acabada la guerra con la victoria de Roma, hubo presión para derogar la ley. Uno de los partidarios de la ley, Catón el Viejo, habló con vehemencia contra la libertad de las mujeres: «Nuestros antepasados no querían que las mujeres llevaran negocios, ni siquiera privados, sin un tutor; las querían sujetas a la autoridad de padres, hermanos o maridos», argumentó, y criticaba la «naturaleza desenfrenada», la falta de autocontrol y el deseo de libertad de las mujeres.[99] Durante días, las mujeres romanas protestaron, llenando las calles y bloqueando el acceso a los edificios gubernamentales. Las manifestaciones masivas fueron extraordinarias —no estaba sancionado socialmente que las mujeres se reunieran en público y protestaran— y se salieron con la suya: la Ley Opia fue derogada en el 195 a.C.[100]

Los códigos de vestimenta de hoy en día no siempre están regulados por los funcionarios del gobierno como lo estaban en la antigüedad, pero siguen siendo una manera de controlar a las niñas y hacer que se sientan avergonzadas de su cuerpo. También inculcan normas de género conservadoras; los códigos de vestimenta escolar se utilizan para evitar que los chicos sean demasiado femeninos, de modo parecido a la descripción de Plutarco de cómo los *gunaikonomoi* castigaban a los niños y a los hombres por su «un comportamiento poco varonil y femenino». Los códigos de vestimenta consolidan las diferencias cisgénero; es raro que a los niños se les permita llevar falda, o que a niños y niñas se les permita cultivar un aspecto de género no binario. También se mantienen las jerarquías raciales, y a los estudiantes de color se los vigila y castiga más frecuentemente por violar el código de vestimenta. Los códigos de vestimenta escolar, como la Ley Opia en la antigua Roma, tienen que ver con algo más que con la indumentaria: son un medio para hacer cumplir el control patriarcal. Incluso se podría concluir que son una *excusa* para ejercer control sobre las niñas, sobre niños y niñas trans y los que no se ajustan al género, y sobre los estudiantes de color.

El precio que pagan los estudiantes que incumplen los códigos de vestimenta puede llegar a ser alto. Deanna J. Glickman, ayudante de la defensa pública en el condado de Robeson, Carolina del Norte, explica que «los códigos de vestimenta sirven como orificio de entrada a la tubería que conecta la escuela con la cárcel para los estudiantes trans», igual que sirve,

desproporcionadamente, para los estudiantes de color.[101] Esa
tubería que va de la escuela a la cárcel canaliza a los estudiantes que transgreden las normas de la escuela y los lleva directamente a los correccionales juveniles, lo cual los criminaliza
y sienta la base del fracaso. Las últimas estadísticas disponi-
bles muestran que las niñas de color tienen 2,8 veces más probabilidades que las niñas blancas de interrumpir su escolaridad, a menudo por infracciones leves como violar los códigos
de vestimenta, y la pérdida de tiempo escolar tiene consecuencias para el rendimiento académico, para las perspectivas de
empleo, para la capacidad de ingresos y para la salud.[102] Los
estados en los que se da un mayor prejuicio racial en los índices de interrupción escolar (donde las niñas de color tienen
hasta 5,5 veces más probabilidades de tener que interrumpir la
escuela) también son estados que tienen regulaciones más estrictas sobre la sexualidad y los derechos reproductivos de las
mujeres. Podemos trazar una línea que conecte la vigilancia
de la indumentaria de las niñas y un control más sistémico de
los derechos de las mujeres, especialmente de las mujeres
de color.

A fin de cuentas, la escuela es donde aprendemos por primera vez sobre el mundo y el lugar que ocupamos en él. Las
escuelas les están enseñando a las niñas que el suyo es un lugar de ansiedad y debilitación; que la educación de las niñas
es menos importante que la de los niños, que necesitan prote-
gerse contra el peligro de los cuerpos de las niñas; que las niñas no pueden salir en público sin preocuparse por que su apa-

riencia no distraiga y excite a los hombres. Estas no son ideas nuevas. Se basan en la noción de que, cuando las niñas son agredidas sexualmente, ellas tienen la culpa. *¿Cómo iba vestida?* es la respuesta habitual cuando las niñas son agredidas. Chanel Miller, la escritora que fue violada por un estudiante de Stanford llamado Brock Turner, llevaba un cárdigan de color beige. Aunque nos vistiéramos con un equipo de protección contra materiales peligrosos, habría algunos chicos y hombres que afirmarían que nuestra indumentaria los excitaba.

Llevar niqab, hijab y burka no protege a las mujeres del acoso y el asalto. Shaista Gohir, presidenta de la Red de Mujeres Musulmanas del Reino Unido, que dirige una línea de ayuda para mujeres musulmanas, dijo al periódico *The Independent*: «A nuestra línea de ayuda nos llaman mujeres musulmanas que revelan agresiones sexuales y violaciones. Iban completamente vestidas. Algunas llevaban hijab (el pañuelo que cubre la cabeza), jilbab (la túnica completa) e incluso niqab (el velo que cubre el rostro). Entre los delincuentes hay amigos de la familia, parientes, así como líderes religiosos respetados en la comunidad. El vestido de las mujeres es una excusa popularizada por los hombres para justificar su comportamiento y no tener que asumir responsabilidades».[103]

En la antigua Roma, si un hombre agredía sexualmente a una mujer vestida de prostituta se consideraba menos delito que si atacaba a una mujer vestida con la túnica de las mujeres respetables. Este legado de lo que ahora llamamos vergüenza por puta (*slut shaming*) viene de lejos. Los códigos de vestimenta son utilizados repetidamente por los profesores como motivo para etiquetar a las niñas como prostitutas y para culparlas por atraer la atención sexual masculina. Una colaboradora del Everyday Sexism Project, una iniciativa creada con el objetivo de registrar los casos de sexismo experimentados en el día a día, escribió: «En mi primer año de escuela, a los trece años, un maestro me dijo que llevaba puestos los calcetines de una manera que me hacían parecer una prostituta, y me preguntaron si no me daba vergüenza llevar la falda arremangada». El subdirector de una escuela de Dakota del Norte explicó que habían prohibido los *leggings* y los tejanos ajustados «para evitar que [las niñas] distraigan a los maestros y a otros estudiantes», e hizo que las niñas miraran clips de la película *Pretty Woman*, en la que Julia Roberts interpreta a una trabajadora sexual que es agredida, para mostrar a las niñas qué prendas debían evitar. Las niñas dijeron que, de hecho, era como si sus maestros las llamaran prostitutas.[104]

Las niñas se clasifican según su disponibilidad sexual con los hombres, y la ropa se convierte en un medio para llevar a cabo esa clasificación. El mito de que los hombres y los chicos no tienen la capacidad de controlarse para no «distraerse» es un problema al que debemos enfrentarnos urgentemente. Lo que llamamos distracción es en realidad agresión sexual masculina. Hemos comprado la mentira según la cual los hombres y los chicos no son capaces de controlar el sentirse atraídos por alguien y no pueden controlar su comportamiento cuando sienten atracción por alguien. La agresión desplazada hacia niñas y mujeres es evidente en las reglas y regulaciones sobre cómo deben vestirse.

Una escuela está encarándose a la suposición de que la agresión sexual masculina no se puede controlar, o de que los hombres y los chicos son incapaces de aprender a tratar con cuidado y respeto a las mujeres, a las personas trans y a las que no se ajustan al género. El instituto Evanston Township High School en las afueras de Chicago ha elaborado un código de vestimenta con el que se evita avergonzar a los estudiantes con la misma energía que en las escuelas normalmente se controlan los indómitos tirantes de los sujetadores. En 2018, actualizó su código de vestimenta explícitamente para prohibir comportamientos y lenguaje que avergüencen a los estudiantes: «El personal deberá hacer cumplir el código de vestimenta sistemáticamente y de manera que no refuerce ni aumente la marginación u opresión de ningún grupo por motivos de raza, sexo, identidad de género, expresión de género, orientación sexual, origen étnico, religión, práctica cultural, ingresos familiares o tipo/talla de su cuerpo». Continúa concretando lo que incluye avergonzar:

- Arrodillarse o agacharse para comprobar el ajuste de la vestimenta.
- Medir cinturones o el largo de la falda.
- Pedir a los estudiantes que den cuenta de su vestimenta en el aula o en los pasillos delante de otros.

- Llamar la atención de los estudiantes en espacios, pasillos
  o aulas sobre transgresiones percibidas del código de vestimenta delante de otros ; en particular, conminar a los estudiantes a que se suban los pantalones caídos para que no
  dejen a la vista la ropa interior, o enfrentarse a las estudiantes por llevar los tirantes del sujetador visibles, ya que sí
  que se permiten cinturones y correas visibles en la ropa interior.
- Acusar a los estudiantes de «distraer» a otros estudiantes
  con su ropa.[105]

Tan simple, tan sencillo, incluso en el clima actual, franca-
mente revolucionario. Se enumeran los principios básicos, por
ejemplo «todos los estudiantes deben llevar cubiertas siempre
ciertas partes del cuerpo» y los estudiantes no pueden vestir
ninguna prenda que pueda comportar un peligro para la seguridad; que fomente el discurso del odio o el uso de drogas o al-
cohol; o que se oculte completamente la cara (pero sí se permiten sudaderas con capucha y velos religiosos).

El código de vestimenta de Evanston demuestra que es posible cambiar el comportamiento y los valores internalizados.
Recuerda a los chicos (y a los adultos) que es responsabilidad
de cada cual no dejarse distraer por otras personas. Las niñas no
son responsables de la manera en que los niños les respondan.
O, según las palabras del código de vestimenta de Evanston:
«Todo el alumnado y el personal tienen que entender que son
responsables de gestionar sus propias "distracciones" perso-

nales sin regular la vestimenta/expresión personal de cada estudiante».

Existe un mito griego que advierte sobre los peligros y la inutilidad de tratar de controlar a las mujeres. La versión más famosa de este mito es la tragedia de Eurípides *Las bacantes*. Las bacantes, también llamadas báquides o ménades, eran adoradoras del dios Dioniso. Según cuenta el mito, el rey de Tebas, Penteo (cuyo nombre significa «dolor», lo que ya es una gran pista), se enfurece por la llegada desde Asia de un nuevo extranjero, Dionisio, y se niega a reconocer que es un dios. Dionisio tiene un aspecto afeminado (es pansexual), lo que repele y fascina al estricto Penteo. En una producción de 2008, Alan Cumming interpretó a Dionisio y entró al escenario colgado boca abajo, con su trasero visible asomando bajo un vestido de lamé dorado.[106]

Influidas por Dionisio, las mujeres de la ciudad, también la madre de Penteo, Ágave, han abandonado su hogar y deambulan por el campo. Su aspecto es impresionante: van vestidas con pieles de ciervo y llevan el pelo suelto, con hiedra y flores. Penteo está obsesionado con recuperar el control de las mujeres y jura que «serán cazadas en las montañas como los animales que son».[107] Fantasea con lo que las mujeres están haciendo, ahora que ya no están bajo el control de los hombres, y las imagina celebrando orgías, cuando en realidad no están haciendo nada de eso.

GETTY IMAGES / PHAS

*Intentar controlar a las mujeres no acaba bien. (Penteo
a punto de ser descuartizado por las bacantes. Pintura
mural de Pompeya, siglo I d.C).*

El sabio profeta Tiresias advierte a Penteo: «No estés tan
seguro de que el poder es lo que importa en la vida del hombre; no confundas con sabiduría las fantasías de tu mente en-
ferma», pero el rey jura guerra a las mujeres.[108] En este momento, Dionisio, que ha dado a Penteo muchas oportunidades
para respetarlo, le plantea una especie de trance. Lo invita a
espiar a las mujeres disfrazadas, y el rey se viste con ropas de
mujer y una peluca con largos rizos, posando y acicalándose

al disfrazarse. El final de Penteo es tan espantoso y sangriento como el de los demás mitos griegos: las bacantes, ellas mismas bajo el hechizo de Dionisio, lo confunden con un animal y lo descuartizan: «Una le arrancó un brazo, otra un pie todavía caliente en su zapato».[109] Su propia madre le arranca la cabeza y la empala. Y así es como el cazador se convierte en presa.

Este mito muestra las nefastas consecuencias de la soberbia, de la arrogancia de los hombres que se niegan a reconocer y respetar la religión, incluso si no es la suya propia. Pero, además, es un cuento con moraleja sobre lo que ocurre cuando los hombres intentan controlar a las mujeres; acaba perjudicándolos. Todos los políticos que defienden los valores de la familia y luego se ven atrapados en un escándalo sexual son descendientes de Penteo. Como lo son los educadores que controlan a las niñas mediante códigos de vestimenta porque no pueden confiar en sí mismos para no distraerse. Ojalá hubiera enviado una copia de *Las bacantes* al director de la escuela de secundaria de Athena.

5. #METU

Dafne, según cuenta la historia, era una ninfa acuática que bailaba con plena libertad en fuentes y arroyos. Un día, el dios Apolo, al verla, fue presa de la lujuria y, cuando ella rechazó sus insinuaciones y se alejó de él, empezó a perseguirla. Cuando Dafne, aterrorizada, ya no pudo correr más, llamó a gritos a su padre, el dios del río, pidiéndole ayuda, y este la convirtió en un laurel para salvarla de la agresión sexual:

Apenas terminado su ruego, un pesado entumecimiento se apodera de sus miembros, su tierno pecho se cubre con delicada corteza.
De su cabello crecen hojas, de sus brazos, ramas.
Sus pies que una vez fueron ágiles se adhieren rápidamente a raíces inmóviles.
Su rostro es ahora la copa de un árbol.[110]

Frustrado, Apolo le dijo que robaría sus ramas y su tronco y que con ellos construiría instrumentos musicales para tocar y flechas para disparar. Le arrancaría las hojas y las tejería en coronas para los vencedores de las competiciones atléticas. Al final, Dafne no logró escapar de la violencia física de Apolo.

Los mitos antiguos dramatizan la agresión sexual repetidamente. Estos mitos se han convertido en una valiosa parte de nuestra cultura. Entremos en cualquier museo de arte importante y veremos a Dafne metamorfoseada en árbol junto a obras de arte como *El rapto de Europa*, *El rapto de las sabinas*, *El rapto de las hijas de Leucipo*, *El rapto de Filomela*, *El rapto de Proserpina*, la violación de Lucrecia, Leda, Políxena, Casandra, Deyanira... En los museos de arte de Europa y América del Norte se exponen más pinturas con escenas que presentan violaciones mitológicas que pinturas de artistas femeninas de color. Si miramos el firmamento nocturno, también allí veremos estampadas escenas de antiguas violaciones: las lunas galileanas de Júpiter llevan el nombre de sus víctimas Ío, Europa, Ganímedes y Calisto.[111]

Los mitos nos brindan un repertorio de narraciones de violación: ideas y creencias que informan de nuestras propias perspectivas sobre la violencia sexual. El mito de Fedra, que acusó falsamente a su hijastro de violación, nos dice que las mujeres mienten sobre haber sido violadas. El mito de Casandra, que accedió a tener relaciones sexuales con Apolo, pero luego cambió de opinión y fue castigada con el «regalo» de que siempre diría la verdad pero nunca la creerían, nos dice que las mujeres seremos castigadas si nos negamos a tener una relación sexual y que nadie nos creerá cuando digamos la verdad sobre la agresión. Medusa era una hermosa mujer que fue violada por el dios Neptuno en el templo de la diosa Minerva. Minerva, ofendida por la actividad sexual que tuvo lugar en su sagrada estancia, castigó a Medusa (pero no a Neptuno) convirtiéndola en una gorgona monstruosa, con serpientes por cabello, cuya mirada petrificaba a los hombres. El mito de Medusa nos dice que se castiga a la mujer violada, no al violador. Dafne pidió ayuda a su padre para escapar del acoso de Apolo. Más concretamente, en una versión del poeta romano Ovidio, Dafne le pidió que destruyera su belleza, debido a la cual se había «vuelto demasiado atractiva».[112] El mito del intento de violación de Dafne nos dice que es el aspecto de la mujer el culpable de incitar a la agresión sexual masculina: ella lo estaba pidiendo.

El mito de Helena es quizás el más peligroso de todos los mitos de violación. Contado una y otra vez de diferentes maneras, unas diciendo que Paris la secuestró, otras que fue ella la que sedujo a Paris, el mito viene a decir que nunca sabremos si fue violada o si consintió la relación.[113] Estas ideas sobre la violación han sido perjudiciales y persistentes. Respaldan la incredulidad con la que se topó Christine Blasey Ford en su declaración testimonial, según la cual Brett Kavanaugh intentó violarla cuando ella tenía quince años, o la incredulidad de que recordara con precisión quién era su agresor, aunque efectivamente fuera agredida por alguien (que es otra manera de no creer a las mujeres, solo que con un poco más de retórica sofisticada). Todas estas «lecciones» sobre la violación están firmemente arraigadas en nuestra cultura y deben de ser en parte responsables de la desconcertante falta de denuncias de delitos sexuales a la policía y de las tasas de condenas aún más deprimentes.[114]

Dafne, Medusa, Casandra y las demás mujeres y espíritus femeninos que son acosados y agredidos en la mitología griega y romana no son objeto de historias cruzadas, como los super-héroes del universo de Marvel Avengers. Nunca se les permite reunirse y comparar notas sobre sus experiencias, o emprender acciones colectivas y demandar a los hombres y a los dioses que las han victimizado. Aquí, el mito hace el trabajo de la pareja abusadora: aísla a la mujer. Nunca se les brinda un momento de #MeToo.

Hay quien argumenta que estas narraciones no se deberían leer hoy. Las *Metamorfosis* de Ovidio (escritas alrededor del siglo VIII) han sido particularmente polémicas; en algunas universidades los estudiantes han exigido que esta obra se elimine de los planes de estudio universitarios.[115] Las *Metamorfosis*, un poema en latín extenso e influyente que cuenta historias de cambios (cambios de forma, cambios de cuerpo, cambios de sexo), presentan muchas descripciones de agresiones y han sido criticadas, con cierta justificación, por erotizar el trauma.[116] Entonces, ¿qué razón hay para leer estos mitos? ¿Qué tienen que decirnos en la era del #MeToo?

Tarana Burke, la activista que fundó #MeToo en 2006, como un movimiento de protesta de bases para apoyar a las mujeres de color que habían sufrido abusos sexuales, antes de que se convirtiera en una campaña mundial en 2017 contra el acoso sexual, dijo que su principal objetivo era promover el «empoderamiento mediante la empatía». Algunos mitos de violencia sexual contados por Ovidio y otros escritores hacen precisamente eso. Nos invitan a empatizar con las mujeres agredidas y nos muestran una visión de la psicología de la agresión sexual, así como los efectos del trauma en las víctimas de la agresión.[117]

Ovidio describe una y otra vez a mujeres víctimas de una agresión que abandonan su cuerpo y se convierten en árboles, en arbustos o en macizos de cañas. Para mí son dramatizaciones imaginativas de la parálisis y la disociación causadas por el trauma. La respuesta de Dafne al asalto de Apolo (no puede correr ni hablar y un «entumecimiento se apodera de sus extremidades») capta lo que les sucede a las víctimas de una agresión sexual. La disociación permite que la persona agredida no experimente la agresión. Nuestro vocabulario médico, bastante rígido, llama a esta parálisis temporal involuntaria *inmovilidad tónica*. La sensación de salir del propio cuerpo y estar fuera de él está bien documentada, igual que sus efectos más duraderos.[118]

A mí me agredieron cuando era una niña. Ya de adulta, tenía muy poco sentido de mi cuerpo, del cual me sentía tan desconectada que era poco más que un vehículo que transportaba mi cabeza de un sitio a otro; desde el cuello hasta las rodillas bien podría haber sido de madera. Leí las *Metamorfosis* de Ovidio cuando tenía trece años y me fascinó la historia de Filomela y Procne.[119] Filomela era una joven que emprendió un viaje para visitar a su hermana Procne, quien hacia poco se había casado con Tereo, el rey de Tracia. Tereo acompañó a Filomela de su casa hasta la de él, pero antes de llegar al palacio la violó brutalmente. La muchacha gritó a los dioses pidiéndoles ayuda, pero nadie la oyó y cuando amenazó a Tereo con decirle al mundo lo que había hecho, este le cortó la lengua. Encerró a Filomela en una choza y le dijo a su esposa que su hermana había muerto durante el viaje. Mientras Procne lloraba, Filomela empezó a tejer. Tejió toda la historia en un tapiz (tardó un año) y lo hizo llegar a su hermana. A Filomela le preocupaba que su hermana la considerara una rival y se volviera contra ella, pero la reacción de Procne fue de rabia hacia su marido.

Ahora, como adulta, me estremezco ante la pormenorizada descripción de Tereo cuando viola a Filomela, a quien se compara con un cordero asustado y una paloma manchados de sangre, «pálidos, temblorosos y solos», y más aún ante el espantoso relato de cómo Tereo le corta la lengua con unas tenazas y cómo la lengua cercenada se contrae y emite murmullos en el suelo. Mi yo docente no puede dejar de advertir que Ovidio nos da poca información sobre las motivaciones de Tereo o, más ampliamente, de por qué los hombres violan. Solo se nos dice que nada más verla, «Tereo se inflamó, tan rápido como grano maduro u hojas secas en las que prende el fuego, o como heno almacenado en un granero junto a una llama».[120] El motivo, común en los mitos antiguos, permite que los hombres no se responsabilicen de sus acciones: ¿Cómo se les puede exigir responsabilidad si se excitan tan rápido? Ovidio también sugiere que el comportamiento de Tereo se puede atribuir, en parte, a que era tracio, un peligroso estereotipo étnico.

Pero estas no fueron las partes de la narración que fascinaron a mi yo adolescente: lo que me obsesionaba era la determinación de Filomela por contar su historia, así como el hecho de que su hermana la creyera cuando se la contó, y también la manera inteligente, barroca y espantosa de Procne de vengarse de su esposo violador, a pesar del alto precio que tuvo que pagar por ello. Las fantasías vengativas de los mitos antiguos no son un modelo de guión, pero son descargas de adrenalina para el alma herida, un elemento esencial del equipo de emergencia del superviviente de una agresión sexual.

Es una historia sangrienta, incluso para los estándares de los mitos antiguos. Cuando Procne leyó el tapiz de Filomela y comprendió lo que había hecho su marido, fue a rescatar a su hermana. Resultó que aquella noche se celebraba una fiesta en honor a Dionisio, una excusa perfecta para que Procne pudiera salir de casa. Se vistió con la piel de corzo y el traje de hiedra de las bacantes, lo que estaba en consonancia con su coartada, pero que además era un signo ominoso de la ira incontrolable que la quemaba por dentro.

Después de liberar a Filomela, Procne ideó una manera terrible de vengarse. Ella y Filomela mataron al hijo pequeño de Tereo, Itis, a pesar de que el niño suplicaba «¡madre! ¡madre!» y trataba de abrazarla. Luego las hermanas cortaron el cuerpo del niño «todavía caliente y vibrante de vida» (una descripción que nos recuerda la lengua cortada de Filomela), lo cocinaron e invitaron a Tereo a cenar. Tereo «se come hasta hartarse su propia carne y sangre», y cuando pregunta dónde está su hijo, Filomela le lleva la cabeza de Itis y se la lanza a la cara. Aquí hay muchas resonancias sorprendentes de *Las bacantes*, pero a diferencia de Ágave (la madre de Penteo), Procne y Filomela no se engañan: saben muy bien lo que están haciendo. También nos recuerda el mito de Medea, que mató a sus hijos para vengarse de su marido, Jasón, que la abandonó y se casó con otra mujer. Las hermanas son comparables a las furias, las primeras representantes de la venganza: monstruos femeninos, con cabellos de serpientes y ojos sangrantes. Ovidio es tan extravagante en sus referencias a los mitos de la venganza como lo son Procne y Filomela con su banquete caníbal.

Tereo se abalanza sobre las hermanas con su espada y cuando estas huyen de él, los tres se convierten en pájaros: Procne se convierte en ruiseñor, Filomela en golondrina y Tereo en abubilla o halcón.[121] Yo solía pensar que las metamorfosis de las mujeres les procuraban un final feliz, del tipo que fuera: por fin eran libres, literalmente «libres como pájaros». No obstante, hay otra posibilidad más siniestra, que se insinúa en las películas de terror en las que los humanos se convierten en animales: Filomela y Procne están atrapadas en el cuerpo de ave, pero tienen conciencia humana, condenadas el resto de sus vidas a llorar por Itis (se dice que *itis-itis* suena como el piar del ruiseñor) y a ser perseguidas por Tereo, ahora ave de presa.

Los hombres depredadores todavía silencian a las mujeres; cortarle la lengua a Filomela fue el primer acuerdo de confidencialidad.[122] En esencia, el mito de Procne y Filomela es un mito sobre la negativa de una superviviente de violación a ser silenciada y sobre la capacidad de las mujeres para derrotar a hombres poderosos y abusadores cuando se unen para lograr su objetivo. Procne podría haber optado por quedarse junto a su marido y con su hijo y gozar de todas las ventajas sociales de ser reina; sin embargo, eligió ayudar a su hermana, pagando por ello un elevado precio. Eligió la rabia.

La astuta estrategia de Filomela para contar su historia tejiéndola en un tapiz forma parte de un fenómeno cultural más amplio en el que las mujeres recurren a la costura y la artesanía como medio de resistencia. Se remonta a la *Odisea* de Homero, donde encontramos a Penélope asediada por pretendientes durante la larga ausencia de su marido. Esta se las arregla para no tener que casarse con ninguno de ellos mediante un famoso ardid. Promete que elegirá un nuevo marido cuando haya terminado su labor; dedica el día entero a tejer, pero por la noche deshace secretamente el trabajo. Y espera ansiosa los tejidos radicales de la artista británica Tracey Emin y de la artista egipcia estadounidense Shada Amer, y las gorras rosas de la Marcha de las Mujeres en 2017 que lucían los manifestantes que protestaban por la toma de posesión de un presidente que se jactaba de que las mujeres le dejaban «agarrarlas por el coño».[123] Como el tapiz de Filomela, las gorras rosas hicieron visible la agresión sexual a través de la artesanía y (con cierta controversia) unieron a las mujeres en la protesta.[124]

Otros mitos antiguos acerca de la violación también se centran en el impacto del delito sobre otras mujeres, algo ante lo cual hoy en día muchas veces hacemos la vista gorda. Uno de estos mitos es el rapto de Proserpina (cuyo nombre griego es Perséfone), la joven hija de Ceres (Deméter), diosa de la agricultura, por Dis (Hades), el dios del inframundo. Según el relato de Ovidio, una ninfa del agua llamada Ciane intenta evitar que el dios la rapte: «No irás más allá», dice. «No puedes ser el yerno de Ceres contra la voluntad de ella. La hija de Ceres debería haber sido cortejada, no violada».[125] Mientras pronuncia estas palabras, extiende ambos brazos e intenta cortar el paso al dios. Furioso, Dis golpea el estanque y abre el suelo del fondo, que muestra un camino hacia el inframundo, por donde desaparece con Proserpina. Ciane, «afligida por el rapto de la diosa y la violación de su propia primavera, alimenta en su corazón una herida inconsolable».[126] En una metáfora que expresa el lento agotamiento que provoca el dolor, Ciane se derrumba físicamente y se deshace hasta que, al final, se convierte en agua.

La madre de Proserpina, Ceres, está tan enloquecida por el dolor que es incapaz de cuidar de las cosechas y hunde al mundo en el hambre. Una parte bien conocida del mito es que finalmente Proserpina se reencuentra con su madre durante seis meses al año, pero un episodio anterior menos conocido es cuando Ceres vaga por la tierra buscando a su hija bajo la apariencia de un ser humano. Ha perdido toda esperanza y está sumida en la desesperación cuando una anciana llamada Iambé la hace reír contándole un chiste picante.[127] Este momento de afirmación vital saca a Ceres de su dolor y le permite seguir buscando a su hija y finalmente encontrarla. Este es otro momento de solidaridad femenina, cuando la ayuda una mujer cambia el relato de lo que sucede después de una violación.

Incluso en nuestro mundo post-#MeToo, estos mitos todavía nos resuenan, como me resonaron a mi cuando los leí por primera vez. Comprenden la psicología del trauma, destacan la fortaleza y las estrategias de supervivencia de las víctimas y hacen que nos fijemos en aspectos de la experiencia de la agresión sexual que a veces nos pasan por alto. También hacen alusiones a la empatía de las mujeres entre sí y al empoderamiento posible gracias a esos momentos, aparentemente nimios, de solidaridad: una broma picante compartida, la red de susurros en forma de tela tejida y el intento desinteresado de detener una agresión.

He hablado de estos mitos como si tuvieran el mismo significado hoy que en la antigua Grecia o en la antigua Roma. En parte, así es: ese es el poder del mito. Pero en el caso de las historias mitológicas de Ovidio, es importante recordar cuándo y por qué escribía sobre violencia sexual. Esto ocurría durante el reinado del emperador Augusto, quien impuso estrictas leyes morales en Roma. Fue un régimen opresor y autoritario, por lo menos para un escritor subversivo como era Ovidio. Muchas de las historias de Ovidio sobre violación comparten un trasfondo. El emperador muchas veces se asociaba a los dioses Júpiter y Apolo; en las estatuas, en las monedas y en el culto, Augusto realzaba su imagen conectándose con ellos. El objetivo era presentar a Augusto como un ser poderoso, que tenía el imprimátur divino para sus políticas y que compartía el carisma de los dioses. No obstante, lo que hace Ovidio con la asociación entre los dioses y el emperador es utilizarla para revelar un aspecto diferente de Augusto. En lugar de centrarse en los aspectos positivos de Júpiter y Apolo, Ovidio los representa imponiendo repetidamente su poder sobre víctimas inocentes. Por asociación, sugiere que Augusto es autocrático y abusador. Es una técnica eficaz. Le da una salida a Ovidio: evita la crítica directa de un emperador que tenía tendencia a exiliar a sus oponentes (y que, finalmente, exilió a Ovidio), pero permite que los lectores en aquel momento unan cabos y establezcan la conexión entre Augusto y los dioses violadores.

Unamos nuestros propios cabos en los tiempos modernos avanzando rápidamente desde la Roma de Ovidio hasta el Manhattan actual, más concretamente hasta el ático del presidente Trump en el piso 74 de la Torre Trump en la Quinta Avenida. Gracias a las fotografías publicadas hace unos años pudimos dar un vistazo inusual a una de las casas del presidente.[128] El opulento interior del piso presenta llamativos motivos de arte y arquitectura clásicos (según dicen, el diseñador estaba

influenciado por el palacio de Versalles).[129] Hay columnas co-
rintias de mármol rematadas en oro, jarrones griegos (o copias),
estatuas clasicistas y, en los techos, pinturas murales. Una pintura que cuelga sobre la repisa de la chimenea de mármol
representa a Apolo con Aurora, la diosa romana del amane-
cer. Está claro que no es una elección casual. Hay otra imagen
de Apolo en uno de los techos, en este caso monta su carro
solar surcando el cielo. Es difícil verlo bien en las fotografías,
pero parece que, en esta pintura, Apolo luce una corona de
laurel. El periódico *Daily Mail*, que publicó las fotografías,
dijo que por la decoración parecía como si «Trump se viera
a sí mismo en el molde de Apolo, el hijo de Zeus y uno de los
dioses más poderosos». Tal vez sea así. Pero ¿qué significa
para *nosotros* verlo en el molde de Apolo? ¿Podemos evitar ver
asociaciones menos favorables entre el presidente que bromea
sobre agarrar a las mujeres «por el coño» y el dios que atacó
a Dafne?

En algunas versiones del mito de Dafne y Apolo, no es a su
padre a quien Dafne llama para que la salve, sino a la propia
Tierra. La Tierra está personificada como mujer en la mitología antigua: los griegos la llamaban Gaia y los romanos
la conocían como Tellus Mater o Terra Mater: Madre Tierra. En uno de los primeros relatos sobre la creación del universo, la *Teogonía* de Hesíodo (compuesta entre los siglos VIII
y VII a.C.), Gaia, la de «ancho pecho», fue uno de los primeros

seres que existió. Gaia dio a luz a Urano, el cielo, «para tener un igual a ella» y disponer de un lugar seguro para los dioses. Se unió a Urano y tuvo muchos hijos, entre los cuales la raza de los cíclopes de un solo ojo, el océano y un intrigante hijo llamado Cronos. Gaia y Urano también engendraron a tres monstruos que tenían cien manos y eran extraordinariamente fuertes y violentos. Como Urano los odiaba, los escondió en lugares secretos dentro de Gaia, una especie de asalto a Gaia, afligida por sus «actos vergonzosos». Gaia urdió el castigo: fabricó una poderosa hoz e incitó a sus hijos a usarla contra su padre. Eso hizo Cronos, castrar a Urano con la hoz. Ya al comienzo del universo, y desde los primeros mitos registrados, la Tierra se representó como mujer, como madre y como traicionada y herida por su amante de manera vergonzosa.

Todavía usamos el lenguaje de la personificación y la feminización para representar a la Tierra, y hablamos de la destrucción de la Tierra en términos de violación: «la violación del medio ambiente», «la violación de la Madre Tierra», «el saqueo de bosques vírgenes».[130] Estas metáforas sirven para reforzar el dominio de la humanidad sobre la Tierra y disminuir la importancia de los problemas ambientales. Al fin y al cabo, si es habitual que las madres estén infravaloradas y que se desacredite y menosprecie a las mujeres violadas, entonces, por asociación a través de este lenguaje figurado, la Tierra y el medio ambiente también se subvalorarán, desacreditarán y menospreciarán.[131] A su vez, cuando se ve a las mujeres como más cercanas a la naturaleza, entonces se nos ve como menos civilizadas, incluso menos plenamente humanas que los hombres.

El mito de Dafne ilustra cómo la asociación de la mujer con la naturaleza puede degradarlas a ambas. Cuando Dafne se convirtió en árbol, evitó ser violada por Apolo porque al perder su cuerpo la violación era imposible. Pero, como árbol, siguió siendo un objeto para el uso de Apolo igual que cuando era mujer (o, mejor dicho, una ninfa de agua). Después de su metamorfosis, Dafne conservó algo de su humanidad en su nuevo ser como árbol. Dafne pidió que su belleza fuera destruida, pero una vez convertida en árbol, se nos dice, su belleza permaneció. Apolo abrazó y besó el tronco y las ramas («la madera se encogió debido a sus besos»), y notó que el corazón de Dafne aún latía bajo la corteza. Le contó a Dafne lo que pensaba hacer con ella: estaría siempre con él, como corona en su cabeza, como madera en sus flechas y su lira. Le dijo que, con las coronas hechas con sus hojas de laurel, los romanos proclamarían los triunfos militares del emperador Augusto. Dafne se convertiría en un símbolo para celebrar el imperialismo de Roma y, a través del mito de los orígenes de la corona de laurel, un símbolo que fusionaba el imperialismo y las victorias del hombre sobre la mujer y de la cultura sobre la naturaleza. El último detalle en la narración que del mito hace Ovidio le da un giro brutal. En respuesta a las palabras de Apolo, «el laurel asintió con la cabeza con ramas recién crecidas y pareció mover su parte superior como si fuera una cabeza».[132] Dafne se ve obligada a traicionarse y a volverse cómplice de su propia ruina.

En otro mito de las *Metamorfosis* de Ovidio, el árbol y la ninfa en su interior se vengan. Este mito presenta a otro rey descontrolado, y es una advertencia sobre las consecuencias de explotar sexualmente a las mujeres y destruir el medio ambiente. Esta es la historia del rey Erisícton de Tesalia, y por si Erisícton es demasiado enrevesado, podemos llamarlo Destripador de la Tierra. Es lo que significa el nombre griego y es profético. El rey Erisícton deseaba construir un salón de banquetes. Para despejar el espacio que necesitaba, ordenó que se talaran todos los árboles del bosque sagrado de Ceres. Cuando sus trabajadores se negaron a ello, Erisícton agarró un hacha y él mismo cortó el primer árbol, y mató a la ninfa que lo habitaba. Esta lo maldijo con su último aliento. Ceres oyó la maldición de la ninfa e introdujo el espíritu del hambre insaciable dentro del rey. Cuanto más comía, más hambre tenía. Cuando se le acabaron sus riquezas, vendió a su hija con el fin de conseguir dinero para comprar comida. Se comió toda la comida de la Tierra, todas las cosechas y los animales, y aun así lo carcomía el hambre. Finalmente, se devoró a sí mismo, un miembro tras otro.

Incluso antes del capitalismo, los escritores y los creadores de mitos reconocían que la mayor amenaza para el bienestar global no son las personas pobres desesperadas por sobrevivir (beneficiarios de ayudas sociales, refugiados y migrantes económicos), sino las personas ricas desesperadas por conseguir más riquezas. El mito de Erisícton es una alegoría del cambio climático[133] y establece una conexión entre el abuso del medio ambiente y el abuso de las mujeres.

Cuando el rey vendió a su hija, Mestra, en su codiciosa búsqueda de riquezas, seguro que sabía que su amo tenía el derecho legal de violarla y obligarla a prostituirse con otros hombres: era su propiedad. Pero Mestra era una mujer de recursos (después se casó con un ladrón llamado Autólico y juntos se convirtieron en los abuelos del héroe Ulises, también un hombre ingenioso). Mestra ruega al dios Neptuno que la salve de la esclavitud e insinúa que el dios le debe un favor porque previamente le había «robado la virginidad» (en otras palabras, recurre a su exviolador para que la salve de su futuro violador). Neptuno le hace el favor y la convierte en pescador, gracias a lo cual confunde a su nuevo dueño y puede escapar. Sin embargo, su padre explota la nueva habilidad de Mestra de cambiar su forma y sigue vendiéndola a «muchos amos» hasta que el dinero que gana con este negocio no le sirve de nada porque se ha tragado toda la comida que el dinero puede comprar. Al final, el rey, al vender a su hija y comerse a sí mismo, destruye su futuro.

Sabemos que la tala de árboles en la selva tropical del Amazonas tiene como resultado múltiples efectos en cascada: los sistemas de precipitaciones se debilitan, los bosques mueren por falta de lluvia y disminuye el suministro de agua para ciudades como São Paulo y los cultivos que riega.[134] Confiamos en que nuestros políticos no se comporten como el rey Erisícton, pero está claro que no hemos puesto nuestra confianza donde debíamos porque la deforestación de la Amazonia aumenta, no disminuye.[135] Los efectos del cambio climático tienen consecuencias dramáticas en las comunidades donde

*La codicia, la destrucción del medio ambiente
y la prostitución de las mujeres desembocan en catástrofe.
(*Erisícton vende a su hija Mestra, *Jan Havicksz, 1660).*

vivimos. En diciembre de 2017, un incendio forestal llamado
Thomas Fire quemó los condados de Santa Bárbara y Ventura
en California. El cambio climático provoca que los incendios
forestales sean más extremos y más dañinos.[136] Cuando los bom-
beros lograron extinguir las llamas, más de dos meses después,
el incendio había destruido un área más grande que el estado
de Iowa.[137]

En aquel momento yo no estaba en Santa Bárbara; pocos días antes de que comenzara el incendio, me había ido a Inglaterra, donde mi madre estaba muriendo de cáncer de pulmón. Mientras observaba a mi madre luchando por respirar en una habitación de hospital cuyos techos de poliestireno eran demasiado bajos y las luces excesivamente brillantes, miré los vídeos que había grabado Athena desde nuestro piso en los que se veía un muro de fuego avanzando hacia la ciudad, mientras la ceniza caía constante y silenciosamente: una parodia de una blanca Navidad. Mi madre aguantó un mes, decidida a llegar a Navidad. Estoy agradecida por haber tenido tiempo de despedirme de ella. Poco después de volver a casa, otros vecinos tuvieron menos suerte que nosotros. El fuego había quemado los árboles, cuyas raíces son esenciales para sujetar la tierra. Un intensa tormenta provocó deslizamientos de tierra, aunque *deslizamiento de tierra* es un término demasiado suave para lo que en realidad fue un tsunami de barro, piedras y escombros. Este deslizamiento de tierra mató a veintisiete personas, repentina y brutalmente, sin que sus seres queridos tuvieran tiempo de despedirse de ellas.

El activismo por la justicia social que no ponga la emergencia climática en primera línea de su agenda fracasará. No tiene ningún sentido lograr remuneraciones equitativas si los puestos de trabajo se están quemando hasta los cimientos, y no tiene ningún sentido luchar por los derechos de nuestras hijas para que tengan control sobre sus cuerpos si esos cuerpos se van a envenenar por falta de agua potable. Las soluciones prácticas concretas que debemos implementar para prevenir desastres ambientales (si todavía no es demasiado tarde) son diversas y complicadas. Pero el punto de partida es simple y, como nos recuerda el antiguo mito, también es por donde debemos comenzar si queremos erradicar las agresiones sexuales. Comenzamos por conectarnos con otras personas y con los animales, los árboles y el planeta en el que vivimos todos, viéndolos no como objetos para ser utilizados, sino como seres vivos cuyo bienestar es esencial para la prosperidad de todos. Así es como nos aseguramos de que la última palabra de las *Metamorfosis* de Ovidio sea profética para todo el mundo, para los árboles, las plantas y los animales y para la tierra.

Vivam: Viviré.

6. Diana, cazadora de conductores de autobús

La diosa romana Diana, a quien los griegos llamaban Artemisa, era la protectora de las niñas y las mujeres. Salvó a Atalanta, cuando el padre de Atalanta quería un hijo, no una hija, y por eso dejó al bebé en la ladera de una montaña para que se lo comieran los animales salvajes, o se muriera de frío y hambre. Salvó a su compañera de caza, Aretusa —quien, como Diana, estaba firmemente comprometida con permanecer soltera—, de ser violada por el dios del río Alfeo. Y en la antigüedad salvó a muchas mujeres de la muerte durante el parto, por lo que, a pesar de que Diana era una diosa virgen, los griegos y romanos creían que tenía un papel especial en el cuidado de las mujeres cuando estas daban a a luz.[138] Según nos cuenta el mito, Diana y su hermano gemelo, Apolo, nacieron de Júpiter, rey de los dioses, y de una diosa llamada Leto.

Cuando Juno, la esposa de Júpiter, descubrió la infidelidad de su marido con Leto, la castigó haciéndole imposible dar a luz en tierra. Leto sufrió un parto anormalmente largo y doloroso (en uno de los relatos, nueve días y nueve noches, ¿se imaginan?), hasta que llegó a una isla que flotaba y no estaba conectada al fondo del océano. Puesto que técnicamente no era tierra, finalmente Leto dio a luz.[139]

Diana se sentó en las rodillas de su padre y le pidió permiso para no casarse nunca, tener un arco y una flecha como armas especiales, vagar por las laderas de las montañas con sus compañeras, cazar y ayudar a las mujeres en el parto.[140] La representación típica de la diosa era con su equipo de caza, vestida con una túnica, calzando botas y con el arco y el carcaj de flechas. Se parecía un poco a Katniss Everdeen, la heroína de *Los juegos del hambre*, otra protectora de las muchachas y un personaje inspirado, al menos en parte, en Diana.[141] Los hombres que entraban en el mundo de Diana recibían un castigo rápidamente, tal y como descubrió el cazador Acteón, quien se topó con Diana mientras esta, desnuda, se bañaba en una laguna en el bosque. La diosa lo convirtió en ciervo y Acteón fue destrozado por sus propios perros de caza.[142]

En 2013, muchos siglos después del dominio de los antiguos dioses griegos y romanos, apareció otra Diana, esta vez en la ciudad fronteriza de Ciudad Juárez, en México. Esta también protegía a las mujeres y a las niñas, y asimismo resultó mortal para los hombres. Se presentaba como una versión de la antigua diosa romana. Es Diana, la Cazadora de chóferes. Esta Diana mataba con una pistola, no con un arco y una flecha.

Según informes de testigos presenciales, en la mañana del 28 de agosto de 2013 una mujer detuvo el autobús número 718, se montó en él, sacó una pistola y disparó al conductor del autobús. El hombre intentó escapar pero murió en la acera. Los testigos describieron a la asesina como una mujer de mediana edad, de cabello rubio teñido, o tal vez era una peluca rubia, que llevaba gorra, camisa a cuadros y pantalones tejanos. La mujer volvió a matar al día siguiente, en la misma ruta de autobús. Esta vez disparó al conductor mientras bajaba del autobús. La mujer le dijo algo al oído (los testigos dicen que fue algo así como «Ustedes se creen que son muy malos, ¿no?») y, luego, le disparó dos tiros en la cabeza. Un día después, las cadenas de noticias locales recibieron un correo electrónico:

Se creen que por ser mujeres somos débiles, y tal vez sea verdad, pero solo hasta cierto punto, porque aunque no tenemos a nadie que nos defienda y hemos de trabajar muchas horas y hasta muy entrada la noche para ganarnos la vida y mantener a nuestras familias, ya no podemos quedarnos calladas ante estos hechos que nos enfurecen. Fuimos víctimas de violencia sexual por parte de conductores de autobús que trabajaban en turnos de maquila [turnos en fábricas que producen bienes baratos para exportar a los Estados Unidos] aquí en Juárez, y aunque mucha gente sabe todo lo que hemos sufrido, nadie nos defiende ni hace nada para protegernos. Por eso yo soy un instrumento que vengará a muchas mujeres. Porque se nos ve como débiles, pero en realidad no lo somos. Somos valientes. Y si no nos respetan, nos ganaremos el respeto con nuestras propias manos. Nosotras, las mujeres de Juárez, somos fuertes.

Firmaba el mensaje Diana, la Cazadora de Conductores de Autobús.

La carta es una explicación, una defensa, una advertencia y una declaración de guerra. Diana se presenta a sí misma como «un instrumento» que opera en nombre de las mujeres de la ciudad. Habla como su voz colectiva: «No tenemos a nadie que nos defienda [...] ya no podemos quedarnos calladas [...] fuimos víctimas de violencia sexual [...] somos valientes [...] somos fuertes».

Juárez es una ciudad que sigue siendo dinámica y fuerte a pesar de los problemas causados por los cárteles de la droga, por el sufrimiento económico agravado por el Tratado de Libre Comercio de América del Norte (TLCAN) y por la corrupción policial. Entre los hechos delictivos que se perpetran en la ciudad, destacan la violencia sexual contra las mujeres, y la tortura, el secuestro y el asesinato de mujeres. Es difícil obtener datos estadísticos precisos, pero la ONG Red Mesa de Mujeres informa de que entre 1993 y 2017 más de 1.600 mujeres fueron asesinadas en la ciudad.[143] Los conductores de autobús fueron acusados de varias violaciones y asesinatos de mujeres que regresaban a casa después de trabajar hasta altas horas de la noche en las fábricas de la ciudad (las *maquilas*).[144] Es difícil saber con certeza el alcance de su culpabilidad; algunas de sus confesiones se obtuvieron bajo tortura policial.[145] Yuri Herrera, un periodista que investigó los asesinatos de Diana en 2013, escribió: «Hay una sensación entre la población en general de que los autobuses son un mal lugar para ir solo.

Esta misma semana se arrestó a un conductor de autobús por presuntamente violar a una niña cuando se dirigía a la escuela». Herrera entrevistó a una mujer del lugar, llamada Laura, quien le dijo: «Recuerdo que cuando iba a la escuela secundaria se hablaba mucho sobre eso. Mis amigas me decían, si vas por la ruta y no hay nadie, lleva un bolígrafo con la punta hacia afuera, porque nunca se sabe. Eso ha estado sucediendo durante años, años. Y es lo mismo para las señoras que trabajan en las maquilas».[146] Para estas mujeres, conductor de autobús significaba violador. Al convertir a los conductores de autobús en el objetivo de sus asesinatos justicieros, Diana no solo estaba vengando la violencia sexual que un conductor de autobús cometiera contra ella. Simbólicamente, libraba la guerra contra todos los violadores de la ciudad.

A pesar de una importante investigación policial y del caos que se produjo durante el tiempo en el que los conductores de autobús se negaron a ir a trabajar, nunca consiguieron atrapar a Diana. Desapareció en las sombras.

Diana, la Cazadora de Conductores de Autobús, modeló su personalidad no a semejanza de la diosa romana Diana en general, sino a la de una estatua concreta de la diosa que se ha convertido en parte de la identidad nacional de México. Esta estatua, conocida como *Diana cazadora*, es un monumento importante en la Ciudad de México. Está situado en el paseo de la Reforma, una de las avenidas más grandes e importantes de la ciudad. Exhibida por primera vez en 1938, esta Diana de bronce, desnuda y con una rodilla doblada, tensa su arco con una flecha invisible que apunta hacia lo alto del cielo.

Diana se encuentra a poca distancia de otra estatua, el dorado *Ángel de la Independencia*. El ángel fue encargado en 1900 para conmemorar la guerra de Independencia de México.[147] Coronando una columna resplandece una estatua dorada de la diosa griega Nike, la diosa de la victoria, sosteniendo una corona de laurel y una cadena rota para simbolizar la libertad; esta fue una imagen común de la libertad republicana durante el siglo XIX. Juntos, el *Ángel* y la *Diana* son iconos protectores de Ciudad de México. La *Diana* es un símbolo tan icónico que se expone un modelo en el Palacio Nacional de Ciudad de México, y se han instalado réplicas de la estatua en otras ciudades de México, incluida Juárez.

La versión de Juárez es más glamurosa que la original. Se encuentra fuera de un restaurante (llamado La Diana), frente a un fondo de espejos que magnifica el resplandor (esta réplica es dorada, no de bronce) y la desnudez de la diosa. La desnudez ha sido causa de polémica durante mucho tiempo. Durante 25 años, la *Diana* de la Ciudad de México se cubrió con un taparrabos, porque resultó que su desnudez supuestamente ofendía a la primera dama y a la Iglesia católica. Le retiraron el taparrabos justo antes de los Juegos Olímpicos celebrados en Ciudad de México en 1968.[148] Otro escándalo se produjo en 1992 cuando fue revelado que la modelo de la estatua fue una niña de dieciséis años, Verdayes Helvia Martínez, que pidió, para proteger su reputación, que su identidad se mantuviera en el

*Diana, la cazadora, protege la ciudad de México. (*La Diana cazadora *sobre una fuente en una rotonda del paseo de la Reforma).*

anonimato.[149] Pero si recordamos el mito original, el aspecto más desconcertante de la desnudez de Diana es que nos convierte a todos en Acteones. Como Acteón, corremos el riesgo de ser castigados si vemos a Diana desnuda. El escultor de *Diana*, Juan Olaguíbel, confesó que, durante el proceso, tuvo dudas sobre la representación de una figura de la antigüedad clásica. El título que finalmente le dio a la estatua fue *La Flechadora de la Estrella del Norte*: era una imagen de aspiración e inspiración, de disparar a las estrellas. Para Olaguíbel, era importante que la arquera representara la belleza mexicana y no un ideal clasicista (europeo). «No hice a la Diana cazadora —dijo—. Es cierto que al principio esa era mi intención, pero me resistí a la belleza clásica de los griegos y decidí centrar mi atención en la belleza criolla de nuestras mujeres, y busqué como símbolo la flecha apuntando hacia el cielo. Mi estatua es así, La Arquera, y nada más».[150] El público tenía una idea distinta: la llaman *La Diana cazadora*.

Iba reflexionando sobre el significado de las estatuas, sobre cómo surgen esos significados y sobre la sutil política de la protesta mientras caminábamos bajo la sombra frondosa de la Alameda Central, el gran parque público de Ciudad de México, con mi pareja y mi hija. Pasamos un fin de semana largo en la ciudad para visitar la estatua de Diana y hacernos una idea de su contexto dentro del arte público del lugar. La Alameda Central, así bautizada por los álamos que se plantaron allí, era un santuario fresco a esa temprana hora de la mañana, antes de que se llenara de familias, corredores y turistas. Distribuidas por todo el parque había fuentes, lamentablemente sin agua cuando lo visitamos, con estatuas que representaban figuras de la antigua mitología griega y romana.[151] Vimos a Mercurio, a Venus, a Neptuno, a una figura femenina que sostenía un cántaro y de cuya identidad no estábamos muy seguros (pero en investigaciones posteriores la identificamos como Proserpina, que con su llegada presagia la primavera), y a dos figuras femeninas colocadas como si estuvieran vertiendo agua en un gran recipiente con agujeros. Si la fuente hubiera estado funcionando, el agua habría salido a chorros por los orificios y habría caído dentro del estanque debajo de ella. No había placas con los nombres de las figuras; la identificación se dejaba en manos de los transeúntes.

Un hombre que barría el suelo junto a la fuente con la estatua de las dos mujeres vertiendo agua nos vio contemplándola, señaló con la cabeza en su dirección y dijo: «Las aguadoras». Mi español es demasiado rudimentario para entablar una conversación, así que anoté la palabra, le di las gracias y seguimos andando. Sabía que la estatua representaba a dos de las danaides, que, según la mitología griega y romana, eran las cincuenta hijas de Dánao, príncipe de Egipto. Dánao tenía un hermano gemelo, Egipto, que a su vez tenía cincuenta hijos. Los dos hermanos no paraban de luchar por el trono de Egipto y, finalmente, Egipto amenazó a Dánao e insistió en casar a sus hijas con los hijos de Egipto. Enfadado y asustado, Dánao huyó con sus hijas a Grecia, perseguido por los cincuenta hijos. Una vez llegó a su destino, al parecer Dánao cambió de opinión. Pero, en secreto, dio a cada una de sus hijas un cuchillo y les ordenó, en la noche de bodas colectiva, que mataran a sus maridos. Cuarenta y nueve hijas obedecieron a su padre, pero una, Hipermnestra, ya sea porque se enamoró de su marido, Linceo, o porque él respetó su deseo de no tener relaciones sexuales con él (las versiones del cuento difieren)[152], lo perdonó y lo ayudó a escapar.

Esta es una historia sobre el control patriarcal. En el mundo antiguo se suponía que las mujeres obedecían a sus padres.

*Castigo eterno por matar a sus maridos. (*Las danaides *en el parque de la Alameda, Ciudad de México).*

Una vez casadas, se suponía que debían obedecer a su marido. En la otra vida, las cuarenta y nueve hermanas fueron castigadas por asesinar a su marido, a pesar de que llevaban casadas menos de un día y de que se habían casado en contra de su voluntad. Su castigo fue verter, para siempre, agua en un recipiente con agujeros. Como Sísifo, condenado a empujar una gran roca cuesta arriba por toda la eternidad, sabiendo que siempre, justo antes de llegar a la cima, resbalaría ladera abajo, las danaides son una imagen contundente del castigo sin fin. Nos recuerdan la imposibilidad de perdón para quienes incumplen las reglas patriarcales, incluso cuando esas reglas son contradictorias e injustas.

La fuente con las dos danaides del parque de la Alameda nos transmite una advertencia: fíjate lo que les pasa a las mujeres que desobedecen a su marido. Así, tiene algo de impactante ver cómo ha desaparecido el significado mitológico y el hecho de que el público en general, como el barrendero del parque, ahora las conozca simplemente como *Las aguadoras*. La misoginia de la representación original de las dos mujeres pierde toda la fuerza debido al cambio en la memoria cultural. El significado que desaparece puede ser una forma de resistencia. Volví a pensar en la *Diana*, cuyo autor decidió llamarla *La Arquera*, pero cuyo público le dio un nombre diferente. En el caso de la *Diana*, el significado de la estatua había cambiado de una identificación más genérica a una concreta de la mitología romana. Con *Las aguadoras*, el cambio se había operado en la dirección inversa, de una identificación mitológica específica (que ahora solo se usa en las guías) a una más genérica. Es difícil seguir el rastro del proceso de cambio de nombre, que no implica solamente un cambio de nombre, sino también la introducción, o la supresión, de un relato mitológico y la política de género de ese relato. No existe una fuente o un instigador obvio. Se produce por las conversaciones cotidianas, por los medios de comunicación y las redes sociales. Probablemente no sea intencionado. Los otros ejemplos de protesta de los que he hablado en este libro han sido deliberados, dirigidos y planificados por individuos. Pero no son así todas las formas de protesta. La memoria colectiva cambia, y esos cambios pueden ser una forma de resistencia cultural.

Diana, o como la llamaban los griegos, Artemisa, se ha vuelto a poner de moda dentro del feminismo New Age, así como en la cultura popular. Estas Dianas van desde versiones suavizadas de lz diosa hasta avatares más poderosos.

Jean Shinoda Bolen, psiquiatra junguiana y autora del clásico *Las diosas de cada mujer* (publicado por primera vez en 1985), publicó *Artemisa. El espíritu indómito de cada mujer* (1.ª edición del 2014), en el que sostiene que Artemisa es el arquetipo de la niña y la mujer valientes, la que persevera y sobrevive. Como Gloria Steinem comenta en la contraportada del libro: «Artemisa es el arquetipo o diosa que puede estimularnos a ser activistas en el mundo». Shinoda Bolen compara las características de la diosa con las historias y vidas de mujeres fuertes, tanto reales como ficticias. Lo que obtenemos es una Diana diluida, una diosa que representa a cualquier mujer que pueda ser descrita como lanzada y valiente: Cheryl Strayed, Diana Nyad, Sheryl Sandberg, Elisabeth Smart, Malala Yousafzai, Eve Ensler. Katniss Everdeen, heroína de la trilogía *Los juegos del hambre*, aparentemente encarna la misma independencia y valentía artemisianos que Lisbeth Salander, de la serie *The Girl with the Dragon Tattoo*, de Stieg Larsson, y Anastasia Steele, de los libros *Cincuenta sombras de Grey* de E.L. James. ¡Santo cielo! como nunca diría Lisbeth Salander.

En 2016 se publicó otra novela, escrita por Martha Beck, orientadora y escritora de *O Magazine*. *Diana, Herself: An Allegory of Awakening* es una novela sobre una madre soltera y luchadora, llamada Diana Archer (las alegorías no son sutiles), que se descubre a sí misma cuando viaja a la naturaleza y aprende a usar el arco y la flecha y también a escuchar su propia intuición y el mundo. Beck muestra una habilidad especial para captar lo serio en lo absurdo (la figura del gurú en la novela es un jabalí que habla), y *Diana, Herself* es una parábola de la iluminación que recurre a los motivos y las cualidades de la diosa Diana. Sin embargo, en el centro del cuento mágico hay un núcleo de sabiduría más subversiva. La liberación solamente llega, para ella y para la Tierra, cuando Diana destruye el patriarcado (no diré cómo, pero a quienes nunca les hayan entusiasmado las estrellas de televisión de los programas de supervivientes les recomiendo este libro). En su libro *Hunting Girls: Sexual Violence from The Hunger Games to Campus Rape* (2016), Kelly Oliver analiza una nueva tendencia en la cultura popular que presenta a las niñas como cazadoras, por ejemplo, Katniss Everdeen, Bella Swan (*Crepúsculo*), Tris Prior (*Divergente*) y Hanna (*Hanna*). Oliver argumenta que esta tendencia es una respuesta al aumento de violencia contra las niñas y las mujeres: «Los nuevos mitos de las figuras de Artemisa que defienden su propia virtud ante la violencia que las rodea pueden interpretarse como fantasías compensatorias para las niñas y mujeres sometidas a violencia, sobre todo violencia sexual, en su vida cotidiana».[153]

Sin embargo, estas nuevas figuras de Artemisa se quedan cortas cuando se trata de hacer lo que hace Diana, la superheroína de la vida real, la cazadora de conductores de autobús: ejecutar la venganza. El feminismo corporativista no tiene mucho tiempo para vengarse. La venganza tiene mayor visibilidad como producto de un estilo de vida que como tema en la teoría feminista. Nos podemos pintar las uñas con el esmalte Sweet Revenge de NCLA, buscar venganza contra nuestro propio rostro con Wrinkle Revenge (un «suero hialurónico definitivo»), darnos un poco de pintalabios Yves Saint Laurent Revenge y luego trabajar en nuestro Revenge Body junto a Khloé Kardashian. Todo ello podría ser distracción suficiente para evitar que nos hiciéramos preguntas éticas difíciles sobre si la venganza es aceptable, o incluso necesaria, en circunstancias en las que los hombres violan a las mujeres con impunidad y ni Benson ni Stabler están ahí para detenerlos.

La escritura feminista contemporánea está más interesada en la indignación que en la venganza.[154] Para eso, tenemos que recuperar la obra de Andrea Dworkin, que explora la moralidad de la venganza en su novela *Mercy*. Se trata de un relato desgarrador de la experiencia de abuso sexual y violación, que en gran parte se refleja en la propia historia vital de Dworkin, contada en sus memorias, *Heartbreak*; la protagonista de *Mercy* se llama Andrea. La Andrea ficticia se convierte en un ángel vengador, «con una deuda que saldar».[155] (*Mercy* se ha agotado, como muchos de los libros de Dworkin; es una manera segura de silenciarla. Me compré un ejemplar en una librería de segunda mano en Berkeley. En la portada hay una dedicatoria manuscrita de la autora: «Para Bruce, con esperanza, Andrea Dworkin». *Con esperanza*).

Dworkin tiene mala reputación, incluso (o especialmente) entre otras feministas, y su trabajo a menudo se pasa por alto o se distorsiona.[156] Pero *Mercy* es importante porque plantea la pregunta de cuál es la diferencia entre el asesinato por venganza y lo que ahora se llama supervivencia criminalizada: «supervivencia» porque el asesinato es la única manera en que la mujer puede sobrevivir en circunstancias abusivas y peligrosas, y «criminalizada» porque es poco probable que la ley la proteja aunque mate en defensa propia.

La ley no protegió a Cyntoia Brown. La condenaron a cadena perpetua por matar a un hombre de 43 años, Johnny Allen, que había pagado 150 dólares para violarla cuando ella se tenía que prostituir en Nashville, Tennessee, a la edad de dieciséis años. Durante el encuentro, temiendo por su vida, la chica le disparó y lo mató. Su caso fue revisado en 2018 y la excarcelaron, pero otras mujeres aún están encarceladas, aunque mataron a hombres abusadores en defensa propia.[157] *Mercy* también pregunta si, en contextos en los que las mujeres juegan limpio, es razonable (o quizás necesario) que maten a hombres preventivamente, tanto si saben con certeza como si no que los hombres concretos a los que apuntan han hecho daño a mujeres. Las preguntas que se plantean en *Mercy* sobre la venganza y la supervivencia son las mismas preguntas que plantean las acciones de Diana, la cazadora de conductores de autobús.

Son preguntas que nos llevan de vuelta al mito de Filomela y Procne. La venganza de las hermanas contra Tereo, al matar a su hijo y servírselo como comida, las volvió tan monstruosas como su abusador. La justiciera que disparó y mató a dos conductores de autobús de Juárez en 2013 convirtió sus crímenes en un mito y, como una superheroína, dio vida a uno de los símbolos nacionales de México, la diosa Diana. Pero es parte del juego amañado del patriarcado que el único recurso que tienen las mujeres, en situaciones en las que son impotentes, sea la violencia.

Las mujeres de Juárez, y las mujeres de todo el mundo, no quieren tener que vengarse, más de lo que se vengaron Procne y Filomela. Lo que quieren es poder confiar en los dioses modernos —la policía, los tribunales y los medios de comunicación— para obtener justicia.

7. ΒΣΥΘΝCΣ, **diosa**

> I can't believe we made it
> *(No puedo creer que lo lográramos).*
>
> The Carters, APESHIT

> Para el trabajo de cambiar el mundo
> es clave cambiar la historia.
>
> Rebecca Solnit,
> *Call Them by Their True Names*

Afrodita, la antigua diosa griega del amor, nació del mar. En concreto, nació de los genitales castrados del dios del cielo primordial, Urano, cuyo hijo menor, Cronos, en una toma de poder audaz y exitosa, atacó a su padre, le cortó los genitales y los arrojó al mar frente a la costa de Chipre. Las partes mutiladas flotaron durante algún tiempo y a su alrededor se fue acumulando espuma blanca (en griego *aphros*). Finalmente, de la espuma emergió la diosa Afrodita, «una divinidad extraordinaria y hermosa».[158]

Las representaciones visuales de Afrodita y de su contraparte romana, Venus, suelen omitir la parte de los testículos
espumosos para centrarse en cambio en la parte de la magnífica emergencia del mar. Por ejemplo, la obra *El nacimiento
de Venus*, pintada por el artista italiano Sandro Botticelli a me-
diados de la década de 1480. La diosa aparece desnuda y de
pie en una concha gigante, flanqueada por el dios del viento
Céfiro y acompañantes femeninas, que son probablemente
ninfas o personificaciones de las estaciones. Del cielo caen
flores que quedan suspendidas en el espacio. El íntimo víncu-
lo del mito clásico entre lo erótico y lo violento está ausente
en la pintura de Botticelli, que muestra placeres más apacibles
y sosegados.[159]

Afrodita-Venus era, y sigue siendo, un icono del encanto
femenino. Las estatuas de esta diosa en diferentes posturas se
han convertido en una parte esencial de nuestro vocabulario
estético. La primera estatua de Afrodita desnuda provocó un escándalo cuando se exhibió por primera vez en el siglo IV a.C.
Cuenta la historia que Praxíteles, un artista conocido por tras-
pasar límites, cinceló dos estatuas de la diosa, una desnuda y otra
vestida. Praxíteles dio a la ciudad de Cos la posibilidad de escoger una de las dos, y cuando eligieron a la Afrodita vestida,
el escultor entregó la diosa desnuda a la ciudad de Cnidos,
donde se colocó en el templo de la ciudad. La Afrodita cnidea
se convirtió en una atracción turística instantáneamente y dio
lugar a historias excitantes, una de las cuales cuenta que un
joven se sintió tan atraído por la estatua que se quedó en el

templo hasta después de que lo cerraran por la noche, entonces intentó tener relaciones sexuales con ella y en el mármol quedó una mancha permanente.[160] La Venus de Botticelli, con sus manos cubriendo su desnudez (y por lo tanto llamando la atención sobre esta), imita la postura de la Afrodita de Cnidos. La Venus Calipigea, la Venus de las hermosas nalgas, que mira por encima de su hombro mientras exhibe su trasero, como si se estuviera haciendo una *belfie*. Y la famosa Venus de Milo fragmentada, quizás la más imitada y adaptada de todas las imágenes de una figura del mito clásico, que se ha convertido en sinónimo de la belleza femenina.[161]

Pero las relaciones entre Venus y la belleza de las mujeres tienen historias diferentes para las mujeres blancas y para las mujeres negras. He empezado este libro recordándonos que *nosotros* poseemos cultura, pero ese «nosotros» no siempre ha sido tan amplio como debería haber sido. La mitología clásica se ha utilizado para inscribir aún más el racismo en nuestra cultura y también, en manos de artistas negros creativos, para desafiarlo y subvertirlo.

Figuras legendarias de Hollywood, como Rita Hayworth y Joan Crawford, y estrellas del pop, como Madonna, Kylie Minogue y Lady Gaga, se han representado a sí mismas como Venus, utilizando la iconografía de la antigua diosa. Venus es la abreviatura de ser bella, estar colocada en un pedestal y ocupar un lugar propio en un distinguido linaje de estrellas, tanto es así que ser fotografiada delante de la Venus de Milo, o vestirse como la diosa, se ha convertido en una especie de cliché de los personajes famosos. El fenómeno vale también para las estrellas negras, aunque en menor medida: Lena Horne fue conocida como «la Venus de bronce» (y protagonizó una película con ese título), y a Josephine Baker la llamaban la «Venus de ébano» y la «Venus negra». (Los calificativos *de bronce*, *de ébano* y *negra* sugieren que sin ellos tenemos que suponer que la Venus es blanca). Pero para las mujeres negras, el legado de Sarah Baartman (también llamada Sartjee Baartman), a quien se atribuyó el epíteto de la «Venus hotentote», proyecta una larga sombra.

Baartman debía de ser una esclava o una criada contratada en Ciudad del Cabo, Sudáfrica. Perteneciente al pueblo khoi-khoi (antes conocido como pueblo hotentote), Baartman llegó a Inglaterra de la mano de un comerciante holandés en 1810, donde fue expuesta públicamente en Londres como una curiosidad exótica, bajo el nombre de Venus hotentote. Según un espectador de aquellos espectáculos, a Baartman se la «exhibió en un escenario de dos pies de altura, por el que su guardián la llevaba atada y la mostraba como si fuera una fiera; la obligaba a caminar, a detenerse o a sentarse según se lo ordenaba».[162] Un grabado publicado en 1811 muestra a Sarah Baartman semidesnuda y con un cupido montado en su protuberante trasero, con la leyenda «Love and Beauty: Sartjee the Hottentot Venus». Cuando la exhibición de Baartman causó consternación entre los abolicionistas (el comercio de esclavos en Inglaterra estaba prohibido desde 1807), su dueño se la llevó a Francia, donde continuó exhibiéndola hasta su muerte en 1815. A Sarah

Baartman se la degradó y expuso públicamente incluso después de morir. Diseccionaron su cuerpo para demostrar que ocupaba una posición inferior en la escala de la civilización. Conservaron sus genitales en un frasco de formaldehido y se exhibieron al público junto con su esqueleto y un vaciado en yeso de su cuerpo, de perfil, para enfatizar sus nalgas, en el Musée de l'Homme en París hasta 1974. Como dice la escritora Sherronda J. Brown: «La historia de Sarah Baartman es fundamental para el menosprecio y la fascinación que a la vez provocan los cuerpos de las mujeres negras».[163]

Veintiún años antes de la prematura muerte de Sarah Baartman, en un grabado en un libro apareció una Venus negra de ficción. Esta representación muestra a una mujer negra en una postura parecida a la de la Venus de Botticelli. La mujer está de pie sobre una concha que unos delfines impulsan a través del océano y la acompaña el dios del mar, Neptuno, representado como un hombre blanco, que no lleva su tridente habitual sino una bandera británica. El grabado, titulado *El viaje de la Venus de Sable, de Angola a las Indias Occidentales*, es obra de William Grainger para ilustrar el poema «La Venus de Sable. Una Oda» (1793) de Isaac Teale.[164] El poema, como señala un editor moderno, es «una obra desagradable».[165] Superficialmente, se propone alabar a «la Venus de Sable» comparándola, como un halago, a la Venus europea; la Venus de Sable es superior, excepto en la oscuridad, cuando ambas Venus son, según se nos dice, igualmente deleitables. Pero la Venus negra y, por extensión, las mujeres negras, resulta que incitan a la lujuria más baja en lugar de suscitar deseos nobles. Se la alaba (es decir, se la denigra) por su mayor disponibilidad sexual en comparación con la de su contraparte europea, y seduce a Neptuno, una inversión de las típicas relaciones de poder en la mitología —donde el dios viola a la mujer mortal— y en la vida real —donde el hombre viola a la mujer esclavizada—, una inversión que oscurece y constituye una justificación perversa de la esclavitud. Hacia el final, el poema desplaza la atención de la diosa para centrarse en las mujeres reales, seguramente esclavas, en cuya belleza el poeta ve signos de la diosa y a quienes, dice, perseguirá.[166] El poema y la imagen son propaganda del comercio de esclavos y refuerzan, de manera encubierta, intencionada y sofisticada, la supremacía blanca.

Cuando el racismo se apoya en una estructura cultural tan antigua como la mitología griega y romana, puede que aún sea más difícil de eliminar. Muchas personas blancas todavía tienen una fuerte implicación emocional con personajes mitológicos retratados como blancos y no como negros. En 2018 tuvo lugar una protesta cuando la BBC eligió a actores negros para interpretar los papeles del dios Zeus y de los guerreros Aquiles, Patroclo y Eneas en *Troya, la caída de una ciudad*,[167] la adaptación televisiva de la *Ilíada* de Homero. Esta reacción es tan ridícula y racista como el escándalo de un año después cuando una compañía propiedad de Disney anunció la contratación de un actor negro, Halle Bailey, como Ariel para una película con actores, *La Sirenita*. Todo ello muestra hasta qué punto algunos blancos sienten a los personajes míticos como si fueran de su propiedad. Denota su deseo de verse reflejados en ellos.

Para reescribir un guión cultural hace falta un fenómeno cultural. Esto nos lleva a Beyoncé Knowles-Carter, puede que la cantante popular más importante, creativa e influyente del siglo XXI.

Cuando Beyoncé se presentó a sí misma como Venus en una serie de fotografías publicadas en su página de Instagram para anunciar su embarazo en 2017, lo que hizo fue una intervención cultural que puso a la mujer negra en el centro de la iconografía de la belleza griega y romana.[168] Beyoncé desafió la tradición artística occidental y nos brindó un poderoso factor de corrección del legado de las venus negras utilizado para denigrar a las mujeres negras.

En una de las fotografías, la cantante está tumbada en un diván cubierto de flores, con la mano derecha detrás de la cabeza y la izquierda sobre el vientre, imitando la postura de la *Venus durmiente*, una pintura atribuida al pintor renacentista italiano Giorgione. En otra foto, posa como en la obra de Botticelli *El nacimiento de Venus*, con el pelo suelto y las flores cayendo (aunque esas flores están pintadas en sus piernas). En lugar de estar en la concha de Botticelli, Beyoncé se encuentra entre exuberantes plantas verdes, y en lugar del dios del viento, la acompaña Nefertiti, la antigua reina egipcia. En otras, flota sumergida en el agua, etérea y como de otro mundo, bañada en luz y envuelta en telas amarillas y de otros colores.[169]

Las imágenes en las fotografías submarinas nos muestran a una Beyoncé como Osun (también conocida como Oshun) —una orisha (espíritu) yoruba que habita en aguas dulces, relacionada con la fertilidad, la belleza y el amor y que da su nombre al río Osun en Nigeria—, y como Yemoja —la diosa yoruba del océano, madre de todas las orishas y protectora de las mujeres embarazadas.

Parte de la genialidad de las fotografías de Beyoncé es que interpreta a Venus como madre. La antigua diosa, de hecho, tuvo hijos, el más conocido el héroe Eneas, de quien se dice que fundó la ciudad de Roma, y fue adorada como Venus Genetrix (Venus en su aspecto de madre), pero es escaso el arte moderno que se centra en la diosa en este papel; y tampoco otras estrellas del pop han estado obviamente embarazadas cuando han interpretado el papel de la diosa. El hecho de estar embarazada y de que su primer hijo, Blue Ivy, aparezca en algunas de las fotografías permite a Beyoncé escapar de la trampa habitual de las Venus negras: la denigración y la hipersexualización.

Beyoncé cambia la historia sobre qué figuras mitológicas se valoran y qué puntos de referencia culturales y mitológicos importan cuando hace que Venus comparta su trono con deidades africanas. La artista hizo algo parecido cuando se vistió como la antigua reina egipcia Nefertiti, como parte de su actuación en Coachella en 2018, y como la reina Amanishajheto,

Beyoncé es muchas diosas: aquí como Osun y Venus, y también como María, la madre de Jesús. (En una actuación en los premios Grammy de 2017).

una antigua guerrera nubia de Meroe en lo que hoy es Sudán, en la Wearable Art Gala que se celebró en 2018. Durante su extraordinaria actuación en la ceremonia de los premios Grammy en 2017, Beyoncé fue adoptando la apariencia de diferentes diosas, de ícono a ícono. Se presentó como Osun, envuelta en velos amarillos, como Venus, adornada con guirnaldas de flores, y como María, la madre de Jesús.

En 1979, Audre Lorde, poeta feminista afroamericana y activista en defensa de los derechos civiles, escribió una carta a Mary Daly, teóloga feminista estadounidense blanca, en la que llamaba la atención a Daly por haber escrito un libro (*Gyn/Ecology: The Metaethics of Radical Feminism*, 1978) sobre diosas y el poder femenino en el que solo se refiere a diosas y mujeres de la Europa occidental, excepto cuando habla de las africanas como víctimas (en un análisis sobre la mutilación genital).[170] «Me pregunté: ¿por qué Mary no trata a Afrekete como ejemplo?», escribió. «¿Por qué las imágenes de sus diosas son solo blancas, europeas occidentales, judeocristianas? ¿Dónde estaban Afrekete, Yemanjá, Oyá y Mawu-lisa? [...]. Empecé a sentir que mi historia y mi trasfondo mítico se distorsionaba debido a la ausencia de imágenes de mis antepasados en el poder».

Es como si Beyoncé, al cabo de una generación, tuviera la misma discusión con la cultura popular (y a través de esta) que Lorde tuvo con Daly. Es una discusión que llega hasta el núcleo de las continuas guerras culturales sobre la mitología clásica y, más ampliamente, sobre la antigüedad clásica, en el entorno académico y en la calle.

Considerarse herederas de (una versión idealizada de) la Grecia y la Roma antiguas es una parte importante de las identidades nacionales europeas y americanas y de la construcción de «Occidente». Vemos una versión extrema de esta tradición inventada cuando los grupos fascistas saquean la antigüedad clásica, como hizo el partido nazi en la década de 1940, para crear una tradición de la supremacía europea y blanca. El American Identity Movement (anteriormente Identity Europa) es una organización nacionalista blanca que participó en la planificación de la manifestación Unite the Right de 2017 en Charlottesville, Virginia, en la que asesinaron a la activista

Heather Heyer. Su objetivo es construir «la identidad y la solidaridad europeas» haciendo hincapié en lo que, según ellos, es la herencia europea no semítica de América. En los carteles que han colgado en los campus universitarios para reclutar estudiantes se lee el nombre del grupo impreso sobre fotografías de cabezas de estatuas griegas y romanas, con lo cual se asocia implícitamente el mármol blanco con la supremacía blanca y la identidad americana, con la Grecia y la Roma antiguas.[171]

Las comunidades en línea de la «píldora roja» —una variada gama de hombres enfadados y anónimos que se ven a sí mismos como víctimas de mujeres y personas de color— se apropian de autores e ideas de la antigüedad clásica para dar validez intelectual a sus ideas misóginas y racistas, como demuestra Donna Zuckerberg en su libro *Not All White Men*.[172] No tan extrema, pero puede que más perniciosa, es la idea de que la antigüedad clásica, especialmente Atenas, era excepcionalmente avanzada y culta y fue la base de la civilización occidental (una frase que se está convirtiendo a toda velocidad en código para la superioridad blanca euroamericana, queramos o no).[173]

La serie de National Geographic *The Greeks: Crucible of Civilization*, que se emitió por primera vez en el PBS en 2016, fomenta esta idea del «milagro griego»: «Fue un pueblo extraordinario nacido de roca blanca y mar azul. Es bien sencillo, los griegos crearon nuestro mundo. Descubra la historia del origen de la civilización occidental, cuando los primeros griegos surgieron de la nada y lo cambiaron todo». «La historia de los griegos —se nos dice en un tono magistral con un fondo orquestal que va creciendo— es nuestra historia». La noción de que los griegos surgieron «de la nada» no es cierta. Sabemos que tuvieron un contacto cultural considerable con los antiguos egipcios y fenicios (creadores del primer alfabeto). Es una noción cuyo origen se remonta a los antiguos mitos atenienses que representaban a los ciudadanos de Atenas como autóctonos, como surgidos de la tierra ateniense misma, de la nada, en contraste con las tribus extranjeras nómadas que venían de todas partes.[174]

Es importante reconocer que los antiguos griegos y romanos nos han transmitido una rica e influyente herencia de mitología, filosofía, arquitectura, teatro y política. No tenemos por qué ocultar los aspectos destructivos de dicho legado, ni mucho menos utilizar la antigüedad para crear mitos de la superioridad europea y occidental que nos hagan apreciar el valor de la antigua Grecia y Roma.

En resumen, como dice la artista Kara Walker, sagazmente, en un creativo ensayo en el que critica el racismo de la historia austriaca, los europeos blancos «a menudo recurren a temas de la Antigüedad clásica para describir la inmensidad de [ellos] Mismos ante el Resto de la Humanidad».[175] Es en este contexto en el que Beyoncé, mediante su cuidado personaje, dice «Boy Bye» a todo eso y se empeña en poner en el centro la historia y el mito africanos y en cambiar el significado y el valor de los mitos griegos y romanos. Al hacer visibles a sus «antepasados en el poder», Beyoncé visibiliza el pasado de las mujeres negras y refuerza su futuro.

Algunos de nuestros encuentros más memorables con los mitos griegos y romanos tienen lugar en museos, donde estatuas antiguas, frontones y vasijas decoradas conviven con pinturas europeas de épocas posteriores para relatarnos sus historias. Pero los museos no son espacios de exhibición carentes de complicaciones: enfrentados a repetidas acusaciones de robo, adquisición y exhibición poco éticas de objetos y apropiación cultural, son los primeros a los que se pregunta a quién pertenece la cultura. (El Museé de l'Homme devolvió los restos de Sarah Baartman a Sudáfrica solo para que fueran enterrados, en 2002). Los museos no solo exhiben cultura, la crean. Los comisarios ocupan una posición privilegiada a la hora de decidir qué incluir y qué excluir y qué artistas y qué mitos tener en cuenta.

El panorama general es lamentable. Por ejemplo, el Museé del Louvre en París alberga aproximadamente 6.000 pinturas, pero en su colección solo 21 mujeres artistas exponen sus obras y ninguna de ellas está identificada como mujer de color.[176] Son escasas las pinturas y estatuas que representan a personas de color que no son esclavas. La mayor parte de las obras de arte de África, Asia, Oceanía y las Américas se encuentra en un museo diferente (el Museé du Quai Branly); únicamente una pequeña colección se expone en el Pavillon des Sessions del ala Denon en el Louvre. Este museo, que en el pasado fue un palacio real que conservaba una colección de arte privada, se convirtió en espacio nacional y público en 1783. Se diseñó para indicar que Francia era el heredero legítimo de las tradiciones del antiguo Egipto, Grecia, Roma y el Renacimiento italiano; el visitante culminaba el recorrido por estas galerías cuando llegaba a las salas de la pintura académica francesa. Muchas de estas obras maestras llegaron como botines de guerra, saqueadas por Napoleón Bonaparte. Coronado emperador de Francia en 1804, Napoleón volvía con objetos de sus campañas militares, una manera de proclamar que Francia y sus victorias coloniales eran como la Nueva Roma.

Bien, ya es hora de volver a APESHIT.

APESHIT es lo que sucedió cuando Beyoncé y Jay-Z tomaron el control del Louvre.

Fue el primer vídeo musical del álbum de The Carters, *Everything Is Love*.[177] Son seis minutos emocionantes, grabados en el interior del museo en mayo de 2018, cuyas impresionantes imágenes y nítidas yuxtaposiciones de lo antiguo y lo moderno reflejan raza, arte y resistencia. El vídeo critica la exclusión de los pueblos y la cultura negros del Louvre, pero también va más allá al reimaginar el espacio y sus colecciones y crear así nuevos íconos, perspectivas y prioridades. Opera como una especie de restauración de la creación de mitos.

La canción tiene dos estribillos: *I can't believe we made it* [No puedo creer que lo logramos] y *Have you ever seen a crowd*

going apeshit? [¿Alguna vez has visto una multitud enloquecida?]. Adquieren diferentes matices de significado en diferentes momentos del vídeo. Algunos de ellos ponen de relieve los
temas de la propiedad cultural y de la protesta.

La protesta implica ocupar el espacio. En los Estados Unidos, las personas negras no pueden ocupar espacios públicos
sin correr el riesgo de que las blancas llamen a la policía para
denunciarlas por actividades completamente inocuas: desa-
yunar tranquilamente en el campus de su universidad, pasar
un rato en Starbucks, nadar en la piscina comunitaria con su
familia, refugiarse de la lluvia bajo un portal mientras espe-
ran un taxi, hacer una barbacoa en el parque, o ser un niño de
ocho años vendiendo agua en la acera enfrente de su casa.
Disfrutar del espacio público es, para los negros, una actividad
arriesgada.

El inhóspito espacio del Louvre es el que Beyoncé, Jay-Z
y sus bailarines, todos hombres y mujeres de color, toman
bajo su control (*I can't believe we've made it* [No puedo creer
que lo hayamos logrado]). En este espacio es donde cantan,
rapean y bailan, con algunos momentos de silencio, salvo por
el tañido de una campana en la distancia y el ruido del tráfi-
co amortiguado, y capturan el típico silencio de un museo,
antes de que comience la música. Es en este espacio donde
Beyoncé baila en formación con sus bailarinas —enfundadas
en ajustados maillots de diferentes colores carne, frente a la
Consagración de Napoleón I y *Coronación de la emperatriz
Josefina* de Jacques-Louis David—, ocupando un estratégico

lugar en la coreografía para que Napoleón la corone en lugar de a Josefina; una mujer criolla reemplaza a otra, y Beyoncé y Jay-Z se convierten en la nueva realeza del Louvre.[178] Es en este espacio donde las bailarinas sustituyen a estatuas y giran sobre pedestales, yuxtaponiendo su energía dinámica a la inmovilidad de las figuras de mármol. Es pura alegría en el contraste: entre los cuerpos blancos arrimados a las paredes y los cuerpos negros frente a ellos, entre el movimiento poderoso de las bailarinas y la inmovilidad de la obra de arte, entre el silencio reverenciador del museo y el sonido exuberante de la música.

Hacia el comienzo del vídeo, vemos a Beyoncé y Jay-Z con exquisitos trajes rosa y turquesa de pie frente a la *Mona Lisa*. Aquí, y a lo largo de todo el vídeo, las figuras humanas en primer plano son hipnóticas, atraen la mirada del espectador de tal manera que las pinturas en sus marcos parece que solo sean telones de fondo del arte verdadero.[179] Cuando Beyoncé baila con movimientos alocados ante la Victoria* de Samotracia, la enorme estatua alada que personifica la Victoria (*Nike* significa «victoria»; de ahí el nombre de la famosa marca de zapatillas de deporte), agitando el drapeado blanco y gris que viste, ella es la Victoria que cobra vida. Beyoncé y Jay-Z son los que se convierten en obras de arte, en figuras míticas, en los Nuevos Antiguos.[180]

---

*   En el original «Nike of Samotracia», otra de las denominaciones en inglés de la obra. *(N. de la T)*.

Cuando Beyoncé baila como si bailara la Victoria de Samotracia y cuando posa frente a la Venus de Milo, con su cuerpo
imitando la postura doblada hacia un lado de la estatua pero
contrastando con la impotencia de su amputación, la yuxtaposición de su cuerpo negro y el mármol blanco representa
un desafío a todas las nociones largamente asumidas sobre
la blancura, la antigüedad y la belleza. Las estatuas de mármol
blanco griegas y romanas se han idealizado y fantaseado desde el siglo XVI y en la imaginación popular, y su blancura se
ha vinculado al color de la piel blanca. La «piel» de mármol
blanco, a su vez, se ha equiparado con belleza. En realidad, las
estatuas de mármol originalmente estaban pintadas con colores vivos como rojo, verde, amarillo, marrón, blanco, negro
y dorado; eran policromas. El deterioro causado por el paso
del tiempo ha hecho que se perdiera la mayor parte del color,
pero los avances tecnológicos modernos son capaces de detec-
tar restos de pintura y nos permiten rehacer el aspecto de algunas de las estatuas cuando se vieron por primera vez. Confieso
que cuando vi por primera vez una de estas reconstrucciones,
me impresionó. En mi caso tenía tan profundamente asumida
la belleza del mármol blanco que la policromía de las estatuas
antiguas me pareció horrible y, si soy sincera, más bien de mal
gusto.

La policromía de las estatuas antiguas ha contrariado a la
gente, tanto política como estéticamente. Cuando Sarah Bond,
historiadora de la antigüedad, escribió que las estatuas no eran
todas blancas, refiriéndose no solo a que no estaban sin pintar,

sino también a que no representaban solo a personas blancas (una categoría que los griegos y los romanos no habrían entendido, puesto que dividían a la gente por sus denominaciones étnicas: celtas, etíopes, griegos, etc., no por razas como las entendemos nosotros), tuvo que enfrentarse al escándalo y a los insultos. La clasicista Mary Beard obtuvo una respuesta parecida cuando afirmó que la Roma antigua era una sociedad multicultural y, según nuestros términos, multirracial. «La blancura es una metáfora del poder», dijo James Baldwin, y son muchos los que no quieren renunciar a ese poder, o a la blancura de las estatuas antiguas. La personificación de Beyoncé de la Victoria de Samotracia y la Venus de Milo es una intervención visual en esta polémica y un rechazo artístico y magnífico de las viejas mentiras que funden la blancura del mármol con la belleza ideal.

Cuando Jay-Z y Beyoncé flanquean la Gran Esfinge de Tanis, y luego rapean frente a ella, la monumental figura egipcia con cuerpo de león y cabeza de rey, que se cree que data del Imperio Antiguo (alrededor del 2600 a.C), las imágenes tienen resonancias tanto políticas como artísticas. En el Louvre se exhiben antigüedades egipcias junto a las colecciones griegas y romanas como parte del arte «europeo». Con ello se reivindica el arte egipcio como parte del patrimonio de la cultura francesa y lo excluye de las colecciones de arte africano. El estribillo de la canción adquiere un significado concreto cuando Beyoncé y Jay-Z lo cantan frente a la esfinge: *I can't believe we made it* [No puedo creer que lo logramos], se vuelve concreto y posesivo, al reivindicar la esfinge como un monumento creado por africanos y sus descendientes y perteneciente a ellos.[181]

APESHIT altera repetidamente nuestra perspectiva sobre la raza al reformular el arte: intercambiando el fondo por el primer plano (como cuando la *Mona Lisa* y la *Coronación de la emperatriz Josefina* se convierten en el telón de fondo de The Carters y las bailarinas) y centrándose en los detalles de las pinturas y hacer que los detalles llenen la pantalla como obras de arte por derecho propio. Esta técnica es más espectacular cuando se usa para resaltar los rostros de los sirvientes negros en *Las bodas de Caná* de Veronese. A partir de una pintura tan abarrotada de gente en un banquete que es difícil distinguir las pocas figuras negras incluso si las buscas, APESHIT crea un arte nuevo que otorga el papel principal a lo que pasa desapercibido: las personas de color.

La referencia más explícita a la protesta aparece en la segunda mitad del vídeo, con una prolongada toma de jóvenes negros con la rodilla doblada frente al Louvre, en alusión a las protestas de los jugadores de la Liga Nacional de Fútbol contra los asesinatos de hombres negros desarmados cometidos por la policía, que se produce justo después de una toma de una estatua clásica en una postura parecida. Se cree que esta estatua, una versión romana de una obra griega del artista Lisipo (de quien también se dice que Alejandro Magno le encargó pintar su retrato), representa al dios Hermes ajustándose la sandalia mientras escucha las órdenes de su padre, Zeus, el rey de los dioses olímpicos; la obra se conoce como *Hermes atándose la sandalia*.[182] Las letras de las canciones que canta Jay-Z sobre la imagen de la estatua son críticas con la NFL, la organización a la que Colin Kaepernick ha acusado de conspirar para mantenerlo fuera del campo debido a sus protestas durante el himno nacional antes de los partidos. Kaepernick, que fue uno de los *quarterbacks* más brillantes del juego, no ha vuelto a trabajar desde que comenzó a protestar en 2016. La yuxtaposición de la imagen de Hermes con la rodilla doblada dentro del Louvre a la de los manifestantes en posición parecida fuera del Louvre se apodera de la estatua y sube a bordo al dios antiguo haciéndolo así partícipe de la protesta moderna. Hermes se convierte en un defensor de la importancia de la vida de las personas negras; tiene un propósito mejor que entretenerse con su sandalia. Lo moderno ennoblece lo clásico (una inversión de la dinámica esperada). La idea de que Hermes esté escuchando a Zeus mientras se ata la sandalia es algo fantasiosa por parte de los historiadores del arte; es cierto que parece que lo hayan interrumpido, pero no podemos estar seguros de quién o qué. Sea como sea, ese es el mito que se ha vinculado con la estatua y que le da el sello divino de «doblar la rodilla». Después de todo (NFL, ¿lo oyen?), en los mitos griegos las cosas no van bien a los insensatos que desobedecen a Zeus.

No es solo el *contenido* de APESHIT (la letra y todo lo que aparece en el vídeo) lo que es una forma de protesta, sino también el *proceso* que implica al espectador y al oyente. La insistencia en que el espectador establezca conexiones, la negativa a simplificar y la absoluta riqueza de las texturas históricas, artísticas e ideológicas creadas: todo ello es una forma de resistencia cultural.[183]

Es larga la historia de personas que realmente sufren accesos de locura en el Louvre y en otros museos, presas de ataques no solo impulsivos, sino también cuidadosamente planificados contra las obras de arte. En 1914, Mary Richardson entró en la National Gallery de Londres y, valiéndose de un cuchillo de carnicero, cortó la pintura de Diego Velázquez de una Venus desnuda mirándose en el espejo (conocido como la *Venus de Rokeby*). Richardson, que protestaba por el arresto de su compañera sufragista Emmeline Pankhurst, escribió una declaración en la que explicaba su acción y deja claro que su elección de la Venus como objetivo fue deliberada: «He intentado destruir la imagen de la mujer más bella de la historia de la mitología como protesta contra el Gobierno por destruir a la Sra. Pankhurst, que es el personaje más hermoso de la historia moderna. La justicia es un elemento de belleza tanto como el color y el diseño del lienzo». Sigue declarando que el clamor por la destrucción de una imagen, pero no por la destrucción de personas, es una «hipocresía y una patraña moral y política».

Más recientemente, en el Louvre, en 2009, una mujer rusa, que al parecer se sintió frustrada cuando le denegaron la ciudadanía francesa, protestó de un modo más espontáneo cuando lanzó contra la *Mona Lisa* una taza que acababa de comprar en la tienda de regalos del Louvre: «Los cuarenta turistas que luchaban por posicionarse cerca de la enigmática dama que pintó Leonardo da Vinci estallaron en gritos cuando la taza de terracota, vacía, voló por encima de sus cabezas y se estrelló contra el retrato». Gracias al cristal a prueba de balas no se produjeran daños.

Pero, a diferencia de estos escándalos, la protesta de The Carters está tan minuciosamente cuidada como las colecciones del museo y con una mirada más aguda y más consciente políticamente. Reescribir los relatos culturales de raza y poder, subvertir los espacios blancos e insistir en la complejidad de las conexiones que podemos y debemos hacer es más efectivo que arrojar una taza contra la *Mona Lisa* o cortar una pintura. APESHIT, al igual que las fotografías de Beyoncé embarazada y las representaciones públicas, fusiona con brillantez figuras y obras de arte de la mitología griega, romana y egipcia antiguas con imágenes del arte afroamericano moderno y las utiliza para defender la justicia social. La antigüedad (griega, romana, yoruba, egipcia) y las numerosas capas que los artistas posteriores han dado a la Antigüedad son partes esenciales de la creación de los mitos feministas de Beyoncé.

«Para el trabajo de cambiar el mundo es clave cambiar la historia», nos recuerda Rebecca Solnit.[184] Beyoncé está lejos de ser la única artista que ha cambiado la historia en relación con la mitología clásica, la feminidad negra y la antigüedad.[185] Tanto la instalación de Kara Walker *A Subtlety, or the Marvelous Sugar Baby* (2014), una enorme esfinge-*mammy* de azúcar expuesta en una antigua fábrica de azúcar en Brooklyn, como su exposición temporal «Safety Curtain», en la Ópera Nacional de Viena (1998-1999), juegan, de manera desconcertante y provocadora, con el choque entre figuras de los mitos antiguos y figuras de la historia y la cultura negras (las esfinges egipcias y griegas, la caricatura de la *mammy*, el mito de Orfeo y Eurídice, y el personaje del espectáculo el juglar Mr. Tambo, el músico que siempre está alegre).[186] La artista de hiphop Monae Smith (también conocida como Medusa, «la seductora lírica») y la artista de *performance* y poeta Dorothea Smartt (en su colección de poesía *Connecting Medium*, 2001) reconfiguran a Medusa a través de sus propias experiencias como mujeres negras *queer*, y de maneras muy distintas cambian la historia de Medusa por una de empoderamiento y resiliencia de las mujeres negras frente a la opresión blanca.[187] La colección de poesía de Robin Coste Lewis *Voyage de la Sable Venus* (2015) contiene un poema, exhaustivamente investigado, que está formado en su totalidad por los «títulos, entradas de catálogo o descripciones de exposición» de objetos en museos que representan la forma femenina negra. Robin descubre la fealdad del comisariado de los museos y, en un epílogo conmovedor de su libro, restaura la humanidad de la *Venus de Sable*.[188] Beyoncé forma parte de una ola de creación de mitos de mujeres negras revisionistas y reparadoras y, a la vez, es su propia y singular diosa.

Dudo que hayamos visto lo último de su subversiva recreación de la antigüedad. Mientras escribo esto, los periódicos informan de que The Carters intentan grabar un vídeo en el Coliseo de Roma, el anfiteatro que construyeron los emperadores de la dinastía Flavia, utilizado para los combates de gladiadores, algunos de los cuales recreaban escenas mitológicas antiguas. Al parecer, no se ha aceptado la petición de The Carters, pero apuesto por Beyoncé y Jay-Z. No puedo creer que no lo consigan.

8. Transmitología

Nunca tuve que hacer nada, dije. Soy
afortunado. Nací sin mitos. Crecí sin mitos.

No, no fue así. Nadie crece sin mitos, dijo Robin.
Lo que importa es lo que hacemos con los mitos
con los que crecemos.

ALI SMITH, *Girl Meets Boy*

Una historia popular de la Grecia y la Roma antiguas nos cuenta el cambio de sexo que convirtió a una ingeniosa joven llamada Cenis en un joven llamado Céneo:

Céneo, dicen, antes era una mujer. Neptuno la deseaba, pero ella le dijo que no se acostaría con él de ninguna manera a menos que le jurara hacer lo que ella quisiera. Cuando Neptuno juró que estaba de acuerdo, Céneo le dijo que tenía que «convertirme en un hombre». Obligado por su juramento, Neptuno lo hizo y no logró el placer del sexo.[189]

En otras versiones del cuento, más elaboradas, Cenis se convierte no solo en un hombre común, sino en un hombre invulnerable, cuya piel es impenetrable. (Este mito contiene numerosas imágenes fálicas, como si se pretendiera poner de relieve el nuevo cuerpo masculino de Céneo). Céneo era un superhéroe, un guerrero que adoraba su lanza y que condujo a su tribu, los lapitas, a la guerra. Al final fue vencido por los centauros —unas criaturas cuya mitad inferior del cuerpo era equina y la mitad superior, humana—, que lo golpearon contra la tierra con leños de pinos. El mito tiene diferentes finales: algunos cuentan que Céneo fue conducido bajo tierra, otros que se volvió a transformar, esta vez en un pájaro de alas doradas.

Cenis es una entre varias figuras de los mitos clásicos que cambian de sexo, cuyo sexo no se ajusta al que se les asignó al nacer, o cuyo género es fluido. Sus historias son estímulo y afirmación para las personas transgénero y *queer* de nuestro tiempo. Miramos a la antigüedad para que nos dé ejemplos de comportamiento humano, maneras de vivir que confirmen, cuestionen y amplíen las posibilidades de nuestra manera de vivir hoy. No existimos en un vacío temporal. Recurrimos al pasado en busca de formas positivas de pensar sobre el presente y el futuro.

Esto lo corroboran las respuestas de jóvenes transgénero y *queer* a una encuesta realizada en el verano de 2018 titulada *The Impact of Classics on Queer Youth Identity Formation* [El impacto de los clásicos en la formación de la identidad de los jóvenes *queer*]. La responsable de elaborar la encuesta y de distribuirla a través de las redes sociales fue Hannah Clarke, estudiante de la Universidad de Miami en Ohio, especializada en humanidades clásicas, escritura creativa y estudios sobre la mujer, el género y la sexualidad.[190] La encuesta obtuvo 1.500 respuestas, desde adolescentes hasta veinteañeros. Las personas encuestadas se identificaron a sí mismas como de género *queer*, lesbianas, gais, no binarias, pansexuales, asexuales, hombres trans, mujeres trans, en interrogante, de género fluido, de género flux y medio chicas (*midgirls*), y varias combinaciones de todas ellas. Tantas seseras, tantas monteras. Cuando yo era joven, las mujeres eran heterosexuales, bisexuales o lesbianas. (Para que conste, yo soy una mujer cis y bisexual, lo cual es una lástima porque la orientación bisexual es la menos favorecida de la sociedad, tolerada pero algo decepcionante. Es la galleta digestiva en la caja de galletas variadas de las definiciones sexuales). La encuesta preguntaba si las figuras e historias mitológicas LGBTIQ+ eran importantes para los jóvenes, en el aula y en los medios de comunicación populares.

Estas son algunas de las respuestas:

–Creo que me habría ayudado a sentirme más cómoda conmigo misma si hubiera sabido antes que los relatos *queer* han existido durante milenios y que las historias que me fascinaban presentaban a personas como yo.

　–Me parece importante [el mito de Ifis y Yante] porque muestra que la vida según el género y la sexualidad binarios no se ha considerado como algo verdadero y concreto a lo largo de la historia.

–Aprender sobre personajes LGBTQ en clase me ayudó a sentirme validada.

–Hace visible el género *queer* de una manera que me hace sentir visible.

Las respuestas muestran que los jóvenes *queer* se sienten atraídos por personajes de los antiguos mitos que desafían la idea de que lo que es «normal» y «natural» son categorías fijas e inmutables. Así mismo, muestran que tienen una profunda necesidad de sentirse afirmados, validados, menos solos y más visibles, y que los mitos antiguos con historias *queer* ayudan a satisfacer esta necesidad. Las figuras más mencionadas fueron Safo, Dionisio, Tiresias y Aquiles y Patroclo, pero también Loki, un dios nórdico andrógino (interpretado en las películas *Thor* por el actor Tom Hiddleston, quien, por casualidad, fue alumno mío en Ética sexual en la Grecia y la Roma antiguas, como parte de su grado de Clásicas en la Universidad de Cambridge; Tom os puede contar la historia de la androginia, así como interpretar el papel), y los mitos de Ifis y Yante, Salmacis y Hermafrodito, y Céneo.

El papel del mito griego como idealismo *queer* tiene una larga historia. En el siglo XIX nacieron el psicoanálisis y la sexología y recibieron la influencia de ideas y mitos antiguos sobre el deseo.[191] Estas disciplinas patologizaron la homosexualidad y el lesbianismo y, al categorizarlos como psicológicamente anormales y malsanos, dieron autoridad científica a la criminalización de las relaciones de gais y lesbianas. En el mismo período creció la defensa del «amor griego», especialmente en Inglaterra, con los escritores John Addington Symonds y Oscar Wilde.[192] «Sé que Jacinto, a quien Apolo amaba con tanta pasión, eras tú en los tiempos griegos», escribió Oscar Wilde a su amado Alfred, Lord Douglas, dos años antes de que se juzgara al dramaturgo acusado de «indecencia grave» en Londres en 1895.

En la antigua Grecia, las aventuras amorosas entre hombres eran la norma. De los hombres de la élite (tenemos menos pruebas de hombres más pobres y esclavos) se esperaba que se casaran con mujeres y tuvieran relaciones amorosas con hombres (así como sexo con prostitutas y esclavos de ambos sexos). Las relaciones románticas entre hombres eran muy celebradas, siempre que fueran entre un hombre mayor y un chico más joven. Hasta qué punto era grande la diferencia de edad es tema de debate entre los estudiosos. Es probable que incluyeran relaciones entre un joven de 18 años y uno de 20, pero también entre chicos menores de esa edad y hombres más mayores.[193]

Por lo tanto, el amor entre hombres en la antigua Grecia se superpone, en parte, a lo que llamaríamos homosexualidad y, en parte, a lo que llamaríamos abuso infantil, dependiendo de la edad de las personas implicadas en aquel momento y de la edad establecida en las leyes de consentimiento de nuestro tiempo. Esto también vale para las relaciones entre hombres y mujeres o niñas; en aquel tiempo, la infancia terminaba mucho antes que ahora. Ahora bien, la manera de pensar de los griegos sobre las relaciones sexuales era un poco diferente a la de hoy. Los griegos y romanos de la antigüedad pensaban en términos de prácticas sexuales, no en términos de orientación o identidad sexual. Les preocupaba más si un hombre era capaz de autocontrolar sus expresiones de deseo que el sexo de la persona a la que deseaban. Aunque voy a utilizar términos modernos al hablar del mundo antiguo, son, en sentido estricto, anacrónicos. Hubiera sido absurdo preguntarle a un hombre de la Atenas del siglo v si era gay o heterosexual.

Los mitos reflejan la realidad. En la mitología griega, los dioses y los humanos tenían amantes masculinos. Zeus raptó al joven troyano Ganímedes (seguramente no fue por acuerdo; ningún humano podía rechazar a Zeus). Aquiles, el brillante guerrero cuya historia se narra en la *Ilíada* de Homero, era amante de Patroclo y se sumió en el desconsuelo cuando lo asesinaron.[194] El filósofo Platón escribió sus propios mitos sobre el amor gay.[195]

Para las mujeres era muy diferente, puesto que se suponía que estas no tenían demasiado deseo de ningún tipo. Aquí, la poetisa Safo es una excepción importante. Aclamada escritora de poesía exquisita, escribió sobre las aventuras amorosas entre mujeres, así como entre mujeres y hombres. Nuestra palabra *lesbiana* se deriva del nombre de la isla griega de Lesbos, donde vivió y trabajó Safo alrededor de 620-560 a.C. Sabemos muy poco sobre ella, pero era tan extraordinaria que se convirtió en una especie de mito, incluso en la antigüedad. En el siglo XIX, cuando se visibilizó más el amor lésbico, Safo, «la lesbiana original», resultó ser una fuente de inspiración.[196] Y, como demuestran las personas que respondieron a la encuesta sobre jóvenes *queer*, sigue siendo un icono para las mujeres lesbianas y bisexuales.

El papel fundamental que han ejercido los mitos clásicos en la construcción de la identidad de gais y lesbianas y como estímulo para todos ellos establece una agenda: investigar si pueden desempeñar un papel parecido para las identidades y vidas transexuales, intersexuales y de género no binario. Se ha escrito poco sobre la importancia de los modelos antiguos para las personas trans, intersexuales y de género no binario.[197] Indagar en sus predecesores míticos podría proporcionar una afirmación cultural y permitir dar un pequeño paso más hacia la aceptación social y la igualdad.

A primera vista, no es tarea fácil. La antigüedad clásica no era un entorno tolerante para la gente intersexual; hay relatos de personas que fueron condenadas al ostracismo e incluso asesinadas.[198] Varios mitos presentan a hombres que se hacen pasar por mujeres vistiéndose con ropa de mujer o adoptando una forma femenina y entrando en espacios exclusivos para mujeres. Siempre representan una amenaza sexual para ellas y, a menudo, las violan o lo intentan. Aquiles, cuando era niño, estuvo escondido en una escuela de niñas, donde vivió como niña; su madre quiso impedir que luchara en la guerra de Troya, después de que se profetizara que moriría allí. Terminó violando a una compañera de estudios, Deidamia. Júpiter, que deseaba a la cazadora Calisto, consiguió alcanzarla y la violó con violencia adoptando la forma de la diosa Diana, su compañera.[199] Aquí el mito funciona para sembrar el miedo; cultiva un alarmismo prejuicioso similar al del actual «pánico en el baño».

Los mitos de Tiresias, Salmacis y Hermafrodito, Ifis y Yante y Céneo tienen aspectos que chocan con la política sexual moderna e incluso se podría pensar que son *queer*-fóbicos. Cuando leí las respuestas a la encuesta hecha a los jóvenes *queer*, mi primera reacción fue de perplejidad. Mi filólogo interior quería gritar: «¡Estáis interpretando mal estos mitos!».

Pero si los mitos son significativos para las personas de género *queer*, ya vale la pena prestar atención a ello. Interpretar un mito es siempre un acto selectivo. Como dice Kathy Acker, citada en el prefacio de la novela *Girl Meets Boy* de Ali Smith: «Existe la necesidad del relato y la necesidad simultánea de escapar de la cárcel de la narración [...] de citar mal». Como hemos visto repetidamente en este libro, los mitos se leen de un modo selectivo, se recrean, se adaptan, se cortan y se pegan, y siempre se ha hecho así, especialmente en la antigüedad. Las diferentes versiones de los mitos funcionaban colectivamente como una especie de conversación, las versiones posteriores respondían a las anteriores, como contribuciones a un debate de larga duración. Lo que descubrí cuando volví a los mitos antiguos y los miré de nuevo es que mi filólogo interior estaba equivocado. Algunos contienen más elementos trans-afirmativos de lo que me había parecido; acercarse a los mitos con una «mirada *queer*» revela niveles que de otro modo permanecerían ocultos. En otras palabras, que bien mirado no siempre es necesario citar mal.

El relato más detallado del mito de Céneo está en las *Metamorfosis* de Ovidio,[200] en cuya versión Neptuno violó a la joven Cenis y luego se prestó a concederle el deseo que pidiera. El deseo de Cenis era «dejar de ser mujer» para no volver a experimentar un dolor como aquel. Mientras pronunciaba estas palabras se convertía en Céneo:

> Pronunció sus últimas palabras en un tono más grave; bien podía parecer la voz de un hombre.

Neptuno le dio a Céneo un poder adicional, el de la invulnerabilidad física. A partir de ese momento, su piel sería impenetrable, ni siquiera con una lanza o una espada.

Esta historia es preocupante cuando se ve con una mirada moderna; la elección de garantizar la vida no tiene por qué surgir de la desgracia. Ser transgénero implica normalmente un proceso en el que se reconoce que el género no coincide con el sexo, y no, como en la historia de Céneo, un cambio inmediato de un sexo a otro. Algunas personas trans deciden modificar físicamente su cuerpo, con hormonas y mediante cirugía, para que su físico sea más acorde a su género, y otras optan por no hacerlo, o no se lo pueden permitir. Los hombres trans no eligen convertirse en hombres para escapar de la vulnerabilidad de ser mujer; se dan cuenta de que son hombres. A la vista de ello, el mito de Céneo es una tergiversación perjudicial.

Sin embargo, Ovidio nunca es fácil. Néstor, un anciano sabio, es el narrador de la historia de Céneo, y la manera de narrarla es importante. Néstor reconoce que su memoria no es muy buena y, aunque insiste en que recuerda muy bien el relato de Céneo, también se distancia de lo sucedido con frases que introducen incertidumbre sobre la veracidad de su relato, por ejemplo, «según se rumoreaba» y «esto también formaba parte del mismo rumor».²⁰¹ Otros aspectos del mito también hacen sonar las alarmas para los lectores familiarizados con los tropos de las historias antiguas. Se describe a Cenis como una «belleza célebre», «la más hermosa de todas las jóvenes de Tesalia». Se nos dice que tuvo muchos pretendientes, pero que «Cenis no se casó con nadie». ¿Por qué no? Es muy extraño que las muchachas en edad casadera en historias como esta no se casen. Asimismo es raro el hecho de que a Cenis no se la castigue después de haber sido violada; a la mayoría de las mujeres violadas de las *Metamorfosis* después se las castiga. Podríamos interpretar la derrota final de Céneo a manos de los centauros como un castigo, pero si fuera así es un castigo que llega muy tarde, tras un largo período de felicidad. Néstor también nos dice que una versión de la historia muestra a Céneo escapando de los centauros al metamorfosearse en pájaro. Finalmente, después de ser recompensado con la concesión de su deseo, Céneo se regocija no de haberse liberado de la amenaza de la violación (la razón aparente de su transformación), sino de ser un hombre y de pasar sus días «haciendo actividades de hombre».

Ninguno de estos detalles encaja con el relato de la transición de Céneo para evitar la violación. En cambio, insinúan una historia diferente, una historia en la que Céneo se transforma porque siempre supo que era un hombre, y el deseo de Neptuno le dio la oportunidad de vivir plenamente como tal. Esta línea de interpretación se ve reforzada por la versión más antigua que nos ha llegado de la historia de Céneo. Esta versión se halla en un fragmento del coleccionista de mitos Acusilao: «Neptuno tuvo relaciones sexuales con Cenis, hija de Elatos. Entonces —puesto que no estaba bien que él tuviera hijos ni con él ni con nadie—, Neptuno lo convirtió en un hombre invulnerable, que tenía más fuerza que cualquiera de los hombres en aquella época. Siempre que alguien intentaba golpearlo con hierro o bronce, acababa completamente derrotado».[202] Los pronombres nos cuentan una historia. En griego está claro que Cenis es una mujer cuando Neptuno tiene una relación sexual con ella porque se emplea el pronombre femenino junto a la forma femenina del nombre. Sin embargo, en la siguiente oración, ambos pronombres son él: «no estaba bien que él tuviera hijos con él ni con nadie más», presumiblemente significa que no era correcto que Cenis tuviera hijos con Neptuno, en lugar de ser al revés, porque Neptuno muchas veces tenía hijos con mujeres a las que violaba, pero en griego no queda claro. Luego, «Neptuno *lo* convirtió en un hombre invulnerable»: una vez más, Cenis es masculino *antes* de que Neptuno lo transforme.

Aunque la violación no es un desencadenante de que los hombres trans hagan la transición, la impermeabilidad a la violación y a la violencia física es una fantasía de muchos hombres y mujeres trans. La violación y la agresión física son temores reales de las personas trans, especialmente de las mujeres trans de color, que son un objetivo exagerado.[203] En Ovidio, la fantasía de la impermeabilidad se desarrolla en una escena posterior en la que Céneo es el objetivo de lo que llamaríamos fanatismo transfóbico, el tipo de maldad que a menudo precede a un ataque físico. Tiempo después de la transición, Céneo, junto con sus camaradas, se encuentra en medio de una batalla con los centauros. Céneo se enfrenta al centauro Latreus, quien lo insulta:

¿Tengo que lidiar también contigo, Cenis? Para mí siempre serás mujer ¡Para mí siempre serás Cenis! ¿Tu nacimiento no te recuerda, no te acuerdas de por qué fuiste recompensada con una apariencia masculina falsa? Piensa solo en cómo naciste o en lo que has sufrido. ¡Vete! ¡Vuelve a tu rueca y a tu canasta de lana! Retuerce el hilo con tu hábil mano. ¡Deja las guerras para los hombres![204]

Lo que sucede a continuación es, por lo tanto, profundamente satisfactorio. Céneo responde clavando profundamente su lanza en la cintura del centauro. «Loco de dolor», Latreo se defiende y clava su lanza en el rostro desprotegido de Céneo, pero no penetra en la piel de Céneo, y la descripción del fallo del arma es una burla a su oponente: «Rebotó lejos, como pedrisco contra un techo, o un pequeño guijarro contra la piel de un tambor». El centauro vuelve a intentarlo y clava su espada en la ingle de Ceneo. El metal hace un ruido sordo, «como si hubiera golpeado mármol», y la hoja se rompe. Céneo mata a Latreo y permanece inmune al ataque de una multitud de centauros. El final de la historia, dice Néstor, «sigue siendo incierto». Los centauros entierran a Céneo bajo un enorme montículo de rocas y árboles arrancados de raíz, hasta que él lucha por respirar.

En otras versiones del mito, los centauros golpean a Céneo contra el suelo, una imagen que para mí se ha fusionado con una metáfora que la crítica feminista Sara Ahmed emplea para la transfobia dentro del feminismo, que «se vive como un golpeteo, un constante martilleo en la existencia trans», y para que las fuerzas feministas y de personas trans se sumen y logren así ser más productivas y eliminar el patriarcado: «una afinidad de martilleos».[205]

El Néstor de Ovidio sigue narrando la historia: dice que algunos piensan que el peso de los maderos acabó empujando a Céneo hasta el inframundo, pero Mopso el vidente (y nieto del vidente más famoso, Tiresias, cuyo mito veremos en seguida)

*Los centauros golpean a Ceneo contra el suelo (aquí con jarras).
(Sarcófago fenicio, siglo v a.C.).*

vio cómo volaba desde el centro del montículo un pájaro de alas doradas, y Mopso lo homenajea como el gran héroe que fue una vez y que ahora es un pájaro único. Este es un final feliz para un mito sobre un hombre trans extraordinario y mítico.

En el mundo actual, ser fluido en cuanto a género es estar marginado. Cualquiera que se vea forzado a marcar «Otros» en los formularios lo pasa muy mal en nuestra sociedad. Personas como Eddie Izzard, quien, como Izzard describe en sus memorias *Believe Me: A Memoir of Love, Death, and Jazz Chickens*, tienen «días de chico» y «días de chica», no están bien representadas en nuestra cultura.[206] Pero en la antigüedad clásica, muchos de los dioses eran de género fluido. Creemos (quizás esto sea algo especulativo debido a las escasas e irregulares evidencias) que los primeros dioses de la antigua Roma no tenían género. Algunos estudiosos sostienen que la denominación Venus deriva originalmente del sustantivo *venus*, que denotaba una cualidad abstracta de gracia o encanto físico. Este sustantivo era de género neutro (ni masculino ni femenino), de modo que Venus originalmente no tenía sexo.[207] Un escritor antiguo describe una estatua que ha visto en Chipre llamada Afrodito, o Venus la Criadora, que representa a Venus con barba y genitales masculinos. «Cuando se le ofrecen sacrificios —nos dice—, los hombres se visten con ropa de mujer y las mujeres con ropa de hombre, porque se considera que es a la vez hombre y mujer».[208]

El dios romano Vertumno no tenía identidad fija; cambiaba su género, de edad y de forma física a voluntad.[209] Vertumno era la deidad de las estaciones, del cambio y del florecimiento de las plantas. En su nombre juega la palabra latina *vertere*, que significa «cambiar». Un antiguo erudito llamado Servio escribió: «Se considera que los poderes divinos son de ambos sexos, pues son incorpóreos y adoptan el físico que desean».[210] Este tema fue objeto de un considerable debate en la antigüedad; no todo el mundo estaba de acuerdo con Servio, pero aquí hay notables paradigmas positivos para construir la base de una historia sobre la fluidez de género. Como dijo una de las personas que respondieron a la encuesta de Hannah Clarke: «Si los dioses son de género fluido... ¿por qué debería sentirme solo en mi fluidez?».

¿Quién obtiene más placer del sexo, los hombres o las mujeres? Esta pregunta se la plantearon al mítico profeta Tiresias, que vivió como hombre y como mujer. Tiresias iba caminando cuando vio a dos serpientes acopladas. Con su bastón golpeó una de ellas y se convirtió en mujer. Tiresias vivió como mujer durante ocho años (y en una versión del mito quedó embarazada y dio a luz a un niño), hasta que un día se encontró con otro par (o quizás fuera el mismo) de serpientes acopladas. Volvió a golpear una de ellas con su bastón y recuperó su cuerpo masculino. Tiempo después, Zeus y Hera estaban discutiendo sobre quién obtiene más placer del sexo, si los hombres o las mujeres, y decidieron consultarlo a Tiresias porque solo él tenía la experiencia para saberlo con certeza. Tiresias respondió que las mujeres obtenían nueve veces más placer que los hombres, una respuesta que molestó tanto a Hera que le arrancó los ojos. Zeus lo compensó por su ceguera con el don de la profecía y con una vida que duró siete generaciones.[211]

¿Por qué Hera se enfadó tanto con la respuesta de Tiresias? No lo sabemos con seguridad. Una teoría probable es que ponía al descubierto que las mujeres son inmoderadas y lujuriosas: un secreto que es mejor mantener oculto.

El mito de Tiresias no se relaciona fácilmente con el relato trans moderno.[212] Podría interpretarse como una historia de arrepentimiento por la transición; después de vivir como mujer durante un largo período de tiempo, Tiresias elige volver al sexo que le asignaron al nacer. Sin embargo, quienes respondieron a la encuesta de los jóvenes *queer* se centraron en los poderes sobrehumanos de adivinación de Tiresias. Tiresias fue uno de los mitos antiguos que inspiró al novelista Jeffrey Eugenides a escribir *Middlesex*, un cuento de ficción sobre la vida de Cal (originalmente Callie, de Calíope, el nombre de una de las musas) Stephanides, un hombre intersexual de ascendencia griega, que emigra a los Estados Unidos.[213] Cal es intersexual debido a una condición genética inusual; como dice Cal al comienzo de la novela, «Canta ahora, oh musa, la mutación recesiva en mi quinto cromosoma». *Middlesex* abrió nuevos caminos; es una de las pocas obras literarias que tiene un personaje intersexual como protagonista principal.

Para el viaje de autodescubrimiento de Cal Stephanides es fundamental el mito de Hermafrodito, de quien deriva nuestro término hermafrodita, un vocablo que rara vez se usa ahora debido a sus connotaciones peyorativas. Callie va a la Biblioteca Pública de Nueva York para buscar el significado de hermafrodita y tiene una decepción cuando la definición del diccionario termina con «véanse sinónimos de MONSTRUO».[214] En algunos relatos del mito de Hermafrodito, este, hijo de los dioses Hermes y Afrodita, era intersexual desde su nacimiento. Ovidio, sin embargo, cuenta una historia diferente, en la que su sexo se insinuaba al nacer (su apariencia mostraba aspectos de ambos progenitores), pero fue debido más directamente a una metamorfosis extraordinaria. Hermafrodito era un joven apuesto cuya belleza inflamó el deseo de una ninfa del agua llamada Salmacis. Cuando Hermafrodito rechazó las insinuaciones de Salmacis, esta, a quien el narrador de Ovidio describe en términos que se usan en general para los violadores masculinos, engañó a Hermafrodito para que se zambullera desnudo en su estanque y así se fundió con él físicamente de manera que los dos nunca más se separaron:

> No son dos, pero tienen una apariencia dual, que no se pueden
> describir como mujeres ni tampoco como hombres, pues no pa-
> recen ser ni lo uno ni lo otro [...] y parecen ser ambos.[215]

A partir de ese momento, cuenta la historia, los hombres que se bañan en el estanque se reblandecen y afeminan. La fuente de Salmacis todavía se puede visitar en la ciudad de Bodrum, en la costa sur de Turquía.

La estatua romana del Hermafrodito durmiente, que se exhibe en el Louvre, hace una broma al espectador. Vista desde atrás, la estatua, con caderas femeninas, parece una mujer. Si la rodeas y la miras por delante, ves los genitales de Hermafrodito y sus pechos hinchados. Pero lo que me llama la atención es la belleza de la figura dormida: no hay nada monstruoso en Hermafrodito. A pesar de algunos elementos inquietantes en el mito (la agresión sexual y las propiedades afeminantes de la fuente), Hermafrodito presenta una figura que rompe nuestras categorías sexuales (¿niño o niña?) y que es —esto es crucial— exquisitamente bella.

El mito de Ifis y Yante es el único mito sobre el deseo lésbico que sobrevive desde la antigüedad clásica. También es un mito fundamental para los hombres trans, aunque el encaje de ambas interpretaciones sea incómodo (o imposible).

La historia cuenta que Ligdo y su esposa, Teletusa, estaban esperando un hijo, pero Ligdo insistió en que si el bebé era una niña, Teletusa tenía que deshacerse de ella. Teletusa dio a luz a una niña y rezó a la diosa Isis, quien le aconsejó que criara a la criatura como a un niño, ocultando su verdadero sexo a su esposo y al resto del mundo. A la niña se le dio el nombre de Ifis, de género neutro. Cuando Ifis era una adolescente, Ligdo hizo arreglos para que su «hijo» se casara con una muchacha del lugar, Yante. Ifis se enamoró de Yante y, a medida que se acercaba el día de su boda, aumentaba su ansiedad porque, en opinión de Ifis (y de hecho en la sociedad romana antigua), las mujeres no podían casarse con mujeres. Teletusa acudió una vez más a Isis; llevó a su hija al templo de la diosa y oró con fervor. Cuando salieron del templo, el cuerpo de Ifis cambió. Su paso se hizo más largo, sus músculos más grandes, su pelo más corto; en términos modernos, el sexo de Ifis ahora coincidía con su género. En su noche de bodas, «Ifis el niño cumplió los votos que [Ifis la niña] había hecho».[216]

El aspecto más preocupante es que en este mito no hay lugar para el amor lésbico; Ifis tiene que hacer una transición para poder mantener una relación romántica con Yante. El razonamiento de Ifis es que «las vacas no aman a las vacas, ni las yeguas a las yeguas, sino que el carnero desea a la oveja [...] En todo el mundo animal no hay ninguna hembra sometida al deseo de una hembra». Ello deriva de una larga y antigua tradición de recurrir a ejemplos de la naturaleza para naturalizar la heterosexualidad y caracterizar las relaciones homosexuales como anormales, desde las *Las leyes* de Platón hasta la antigua novela griega *Daphnis y Cloe*, y anticipa parecidos argumentos homofóbicos en el mundo moderno.[217] Es una lástima que las personas que argumentan a partir de la naturaleza rara vez recurran al ejemplo del gorila o de la mantis religiosa.[218]

Y, sin embargo, la historia de Ifis y Yante termina felizmente. Y la metamorfosis continúa... desde la historia de Ovidio hasta la magnífica novela *Girl Meets Boy* de Ali Smith.[219] Smith adopta el cuento de Ovidio, pero también lo transforma en una historia libre de los elementos más dudosos del poema latino.

La adaptación moderna —narrada en capítulos alternos por Anthea Gunn (el personaje de Yante) y su hermana Midge (abreviatura de Imogen), que viven juntas en la ciudad escocesa de Inverness, donde trabajan en una empresa de agua embotellada— no se centra en el cambio de sexo, sino en la disolución de las fronteras de género. Anthea se enamora de un activista andrógino que pinta grafitis en las paredes de la empresa como protesta por la venta de algo que tendría que ser gratuito:

> Mi cabeza, algo le pasó dentro. Fue como si hubiera estallado una tormenta en el mar, pero solo durante un momento y solo dentro de mi cabeza. Mi caja torácica, seguro que allí sucedió algo. Fue como si se desprendiera de sí misma, como el casco de un barco que choca contra una roca, y se parte, y el barco que era yo se abrió de par en par dentro de mí y entró el océano.
> Era el chico más hermoso que había visto en mi vida.
> Pero realmente parecía una niña.
> Era el chico más hermoso que había visto en mi vida.

La niña es Robin Goodman, un nombre que encaja con la androginia de su personaje y que también hace un guiño al Puck de Shakespeare, el duendecillo burlón también conocido como Robin Goodfellow, en *Sueño de una noche de verano*. Como Puck, Robin es un agitador sabio, y la novela, sobre todo su final de cuento de hadas, tiene una cualidad onírica. La etiqueta de Robin como artista de graffiti es Iphis 07, y le cuenta el antiguo mito a Anthea, añadiendo sus propios comentarios mientras lo hace:

> Es fácil, cuando todo y todos te dicen que tienes una forma incorrecta, creerte que tienes una forma incorrecta. Y además, no lo olvides, la historia de Ifis se la inventó un hombre. Bueno, digo hombre, pero Ovidio es muy fluido, como dicen los escritores, mucho más que la mayoría. Ovidio sabe, más que la mayoría,

que la imaginación no tiene género. Es muy bueno. Respeta todo tipo de amor. Respeta todo tipo de historias. Pero con esta, bueno, no puede evitar fijarse en lo que las chicas no tienen debajo de sus togas, y es él quien no se puede imaginar lo que harían las chicas sin eso.[220]

En esta conversación que contiene una reflexión sobre Ovidio, Smith reconoce los problemas con su relato de Ifis y Yante y, de un modo delicado y diestro, avanza en su historia, en la que el amor lésbico no requiere la intervención divina. Este es uno entre varios momentos de autoconciencia en la novela, en que el mito se convierte no solo en el meollo de la historia, sino en un proceso que invita a meditar.[221]

A diferencia de Ovidio, Smith no está obsesionado con lo que hay debajo de la toga (o falda escocesa) de nadie. Cuando Midge, que tiene problemas para lidiar con el hecho de que su hermana es gay («Mi hermana pequeña se va a convertir en una mujer insatisfecha, vieja, depredadora, anormal, más arrugada que una pasa, como Judi Dench en esa película *Diario de un escándalo*»)[222] le pregunta a Robin a bocajarro cuál es la «palabra correcta para esto, o sea, para ti», la respuesta de Robin es una reprimenda a Midge y a cualquier lector aprisisonado por etiquetas de sexo y género:

Ella me mira durante mucho rato... Después, cuando habla, es como si toda su mirada hablara.

La palabra adecuada para mí, dice Robin Goodman, es yo.[223]

En la narrativa de Smith, y en el amor de Robin y Anthea, el género se disuelve; chico y chica pierden su significado:

> Tenía la arrogancia de una chica. Se sonrojaba como un chico. Tenía la fuerza de una chica. Tenía la dulzura de un chico. Era sabroso como una chica. Tenía la elegancia de un chico. Era tan valiente, guapa y dura como una chica. Era tan bonita, delicada y dulce como un chico. Como una chica, hacía que los chicos girasen la cabeza. Como un chico, hacía que las chicas girasen la cabeza. Hacía el amor como un chico. Hacía el amor como una chica. Era tan masculina que era femenina, tan femenino que era masculino, hizo que yo quisiera vagar por el mundo escribiendo nuestro nombre en cada árbol.[224]

Quizás el aspecto más brillante de *Girl Meets Boy* es que politiza explícitamente la metamorfosis y restaura la capacidad de decisión de las personas sobre su cuerpo y su vida. En el cuento de Ovidio, si bien los humanos pueden rogar por su transición, son los dioses los que conceden el cambio, provocando la transformación desde lo alto. Robin y Anthea pintan con pintura en espray mensajes de protesta feminista, y con ellos engalanan lugares públicos de Inverness. He aquí un par de ellos:

> EN TODO EL MUNDO DOS MILLONES DE NIÑAS, ASESINADAS ANTES DE NACER O AL NACER PORQUE NO ERAN NIÑOS. ESO ESTÁ REGISTRADO. AÑÁDASE A ELLO EL CÁLCULO EXTRAOFICIAL DE

OTROS CINCUENTA Y CINCO MILLONES DE NIÑAS ASESINADAS POR-
QUE NO ERAN NIÑOS. SUMAN SESENTA MILLONES DE NIÑAS. ESTO
TIENE QUE CAMBIAR.

EN TODO EL MUNDO, DONDE LAS MUJERES HACEN EXACTA-
MENTE EL MISMO TRABAJO QUE LOS HOMBRES, A ESTAS SE LES
PAGA ENTRE UN TREINTA Y UN CUARENTA POR CIENTO MENOS.
NO ES JUSTO. ESTO TIENE QUE CAMBIAR.

Firman con «Iphis e Ianthe, las mensajeras» o «Iphis y Ianthe,
los mensajeros».[225]

La novela entrelaza y expone las conexiones entre la alegría del amor lésbico, la protesta feminista y la preocupación
por el medio ambiente (al final Midge toma el control de la
empresa de agua) y la fluidez de la identidad de género. Esto
fastidia la historia de Ovidio sobre Ifis y Yante, con lo cual
quiero decir que toma un mito que refuerza la heterosexualidad y con amabilidad y humor lo reescribe para afirmar, en
cambio, la diferencia y la diversidad. Mantiene los elementos
profundos del mito antiguo y cambia el resto. Esta metamorfosis es la manera en que Smith nos permite «escapar de la
cárcel de la historia» y adoptar un discurso más liberador.

A diferencia del alud de recreaciones de mitos antiguos sobre el regreso a casa o la guerra de Troya, Medusa, Lisístrata,
Venus, Aquiles y Patroclo, y Safo, las adaptaciones creativas
de los mitos sobre género trans y no binario todavía están por
escribir. *Girl Meets Boy* es un ejemplo de lo que esperamos que
se convierta en tendencia y tradición. Estamos sedientos de este

tipo de transmitología. Pero la importancia de *Girl Meets Boy* va más allá. Recoge algunas de las ideas en que se fundamenta este libro. Una de ellas es que el deseo es transformador. Eso puede ser destructivo, como en los mitos del Destripador de la Tierra y su hija, Apolo y Dafne, y Filomela, Procne y Tereo. Pero también puede ser una fuerza positiva, sobre todo cuando, como ocurre con Robin y Anthea, un fuerte deseo personal se une al deseo de un cambio político.

El cambio está bajo nuestro control; a diferencia de los antiguos, nosotros no tenemos que rogar por él a los dioses. ¿Qué vamos a hacer con este regalo? *Girl Meets Boy* propone algunas de las mismas respuestas contenidas en este libro. Al volvernos hacia el pasado, podemos imaginar nuestro futuro de nuevo. Y ese reconocer el poder subversivo de los mitos antiguos —leyendo las historias originales con atención y disfrutando con sus recreaciones modernas que nos sirven como estímulo y apoyo del activismo político— puede ser transformador y redentor a la vez. Como dice Anthea:

Siempre fueron las historias que necesitaban ser contadas las que nos procuraron la cuerda con la que podíamos cruzar cualquier río [...] las que nos hicieron valientes. Nos hicieron bien. Nos cambiaron. Estaba en su naturaleza hacerlo.[226]

Epílogo:
El resurgir de Antígona

Los relatos importan. Muchos relatos importan.
Los relatos se han utilizado para desposeer
y difamar, pero también se pueden utilizar
para empoderar y humanizar. Los relatos
pueden quebrar la dignidad de una persona,
pero también pueden restaurar esa dignidad.

CHIMAMANDA NGOZI ADICHIE,
«The Danger of a Single Story», charla TED

Somos muchos. Somos muchos.

SARA URIBE, *Antígona González*

Puede que el espíritu valeroso de Antígona viva en Malala
Yousafzai, Olga Misik y Greta Thunberg y en las muchas jóvenes que se enfrentan a los abusos del poder, pero la historia
de Antígona, la que narra Sófocles en su tragedia, termina en
catástrofe, dolor y desgracia.

Antígona infringe la ley y desafía a su tío Creonte, el rey de Tebas, cuando entierra a su hermano, que era enemigo del Estado. Cuando Antígona no cede, Creonte ordena que la entierren viva en una tumba. (Un acto particularmente cobarde: Creonte deja morir a Antígona de hambre, pero al no haber ordenado su muerte inmediata, espera evitar la mancha religiosa que se podría derivar de ejecutar a su sobrina). Tras una visita de Tiresias, el vidente ciego, Creonte cambia de opinión, porque aquel le dice que sus acciones han sido inmorales, pero ya es demasiado tarde: cuando sus guardias van a liberar a Antígona, descubren que se ha ahorcado dentro de la cueva. Hemón, el hijo de Creonte y prometido de Antígona, se suicida y su muerte lleva al suicidio a la reina Eurídice, su madre. Creonte queda destrozado, pero ¿a qué precio? Como guión de un activismo exitoso, este relato no es precisamente un modelo que se deba imitar.

La falta de espíritu fraternal de Antígona también es un problema.[227] Al comienzo de la obra, Antígona le pide a Ismene que se una a ella para enterrar a su hermano, pero cuando Ismene expresa objeciones al plan de Antígona, esta no da opción a ningún debate, desacuerdo o compromiso: «Serás mi enemiga», dice.[228] Cuando Ismene intente, más adelante en la obra, compartir la culpa por el entierro de su hermano y ser aliada de Antígona, esta no lo acepta. Es sorprendente que en la obra de Sófocles, Antígona nunca emplee el *nosotros*. Hacia el comienzo de la obra, usa la fórmula *tú y yo*, y, después, su discurso emplea siempre *yo* o *mí*. Su lenguaje de exclusión refleja y revela su política.

La seguridad y determinación de Antígona son parte de su atractivo. Pero la seguridad también engendra extremismo, que, como Sófocles advierte, puede ser destructivo. Hoy en día, la intolerancia y la inflexibilidad de Antígona se ven especialmente en las redes sociales, lo que tiende a agravar y exacerbar los desacuerdos. Las feministas están preparadas para el desafío mutuo, para castigar la transgresión, por pequeña que sea, para carecer de perspectiva y para crear una cultura de silenciamiento y vergüenza. Lo expresa Jessa Crispin en su crítica al feminismo moderno: «Un entorno en el que se condena la disidencia y la opinión que difiere es un entorno que carece de posibilidades y dinamismo».[229] «Burn it down» es un lema de los guerreros del teclado; es más fácil castigar y condenar que persuadir, animar y hacer el trabajo, arduo y necesario, para conseguir un cambio positivo. Una corriente nihilista atraviesa la obra *Antígona* de Sófocles y haríamos bien en rechazarla.

Una de las conclusiones de este libro es que los mitos (los relatos) antiguos tienen un poder subversivo precisamente porque se pueden contar —y leer— de diferentes maneras. En palabras del novelista Ben Okri, los mitos «siempre vuelan y se elevan más allá del lugar donde podemos mantenerlos fijos».[230] Tal vez se deba a sus ambigüedades inherentes y a su capacidad de revelar una perspectiva diferente si los leemos con atención (hemos visto cómo es posible leer bajo una nueva luz los mitos sobre el trauma sexual, el medio ambiente y la transición de género en las *Metamorfosis* de Ovidio). También se debe a la reinvención creativa de los mitos de la mano de artistas modernos como Ali Smith y Beyoncé y de activistas como Diana, la cazadora de conductores de autobús. Estas nuevas adaptaciones no solo cambian las tramas de los cuentos antiguos, sino también lo que tienen que decir sobre las mujeres, la raza y las relaciones humanas; en otras palabras, cuando los artistas modifican los mitos (los relatos), también los subvierten (las ideas y creencias falsas).

El problema es que los mitos misóginos están más arraigados culturalmente en nuestras sociedades que los mitos que los subvierten. Creer que las mujeres, sobre todo las extranjeras, tienen que ser controladas, conquistadas e incluso asesinadas, que algunas mujeres merecen que las violen y que nadie las creerá si dicen la verdad sobre la violencia sexual es algo asumido en nuestra cultura. La industria de la dieta y el uso de códigos de vestimenta para controlar y castigar a niñas y mujeres y hacer cumplir las normas raciales y de género son fenómenos sociales globales que causan un daño y una miseria inmensos. Los paradigmas de la antigüedad que ponen en cuestión estas historias, creencias y prácticas no están bien establecidos o ampliamente implementados.

No obstante, las adaptaciones creativas de los mitos —las narraciones, los vídeos, las imágenes y las novelas que presentan perspectivas radicalmente diferentes— son más que protestas individuales: equivalen a una tendencia cultural formidable. Este fue siempre el caso: reescribir el mito desde diferentes perspectivas se remonta a la antigüedad. Antes de Ali

Smith, Spike Lee, Suzanne Collins, Mai Zetterling y Beyoncé (e Inua Ellams, Madeleine Miller, Pat Barker, Ursula K. Le Guin, Natalie Haynes y...) hubo Esquilo, Sófocles, Eurípides, Platón y una gran cantidad de mitógrafos posteriores que se deleitaron reformulando las historias contadas por Homero y en otros poemas épicos (ahora perdidos).[231] La creación de mitos subversivos es un proceso que implica las pasadas, las presentes y todas las versiones intermedias.

El mito de Antígona es un buen ejemplo de ello. La obra de Eurípides sobre Antígona, que no ha sobrevivido, es casi seguro que tuvo en cuenta la tragedia de Sófocles y permitió que Antígona y Hemón se casaran ¡y tuvieran un hijo! Las eruditas conjeturas de los estudiosos, basadas en resúmenes posteriores de la obra, prevén finales extremadamente diferentes para Antígona y su familia. Tal vez Creonte los localizó, los reconoció y los hizo matar. Quizás intervino el héroe Hércules y después todos vivieron felices, un final que habría permitido a Antígona rebelarse contra el autoritarismo de Creonte y tener un futuro.[232]

Aún más sorprendente es la probabilidad de que, en la versión de Eurípides del mito, Hemón ayudara a Antígona a enterrar a su hermano. Ella no actuaba sola. La posibilidad de que Antígona emprenda una acción colaborativa también se plantea en una exquisita adaptación moderna del mito: un libro (que no es exactamente un poema, ni una obra de teatro ni una novela ni un artículo de periódico, pero que contiene elementos de todos ellos) titulado *Antígona González*, escrito por

Sara Uribe y traducido por John Pluecker.[233] Contiene elementos de Antígonas anteriores (y medita sobre esto) en la vida, en la literatura y en la teoría política, a medida que traza el viaje de Antígona González, que busca el cuerpo de su hermano «desaparecido» en Tamaulipas, México, para poder enterrarlo como es debido. Nos da una idea sobre la larga y rica tradición de utilizar el mito de Antígona para articular los abusos de poder. La Antígona de Uribe cita a una activista colombiana que tomó su nombre, aunque se remonte a Sófocles:

No quería ser una Antígona pero me tocó.[234]

La activista lucha contra un sistema, no contra un déspota:

Supe que Tamaulipas era Tebas y Creonte, este silencio amordazándolo todo.

El libro se basa en una larga tradición latinoamericana que identifica a Polinices con los marginados, los divididos y los perdidos.[235] Evoca a las madres y padres a quienes los medios de comunicación estadounidenses llaman migrantes, aunque la ligereza de este término disipa su desesperación, mientras buscan a los niños que les fueron arrebatados por el país que esperaban que les daría un santuario, pero que se llevó a sus hijos.

Un estribillo repetido en *Antígona González* cita a Sófocles: «¿Vendrás conmigo a recoger el cuerpo?».[236] Pero mientras que en Sófocles el personaje de Antígona hace la pregunta a su hermana Ismene, en el libro de Sara Uribe, Antígona nos hace la pregunta a nosotros, los lectores. Esta inquisitiva pregunta nos recuerda cómo el pasado influye en el presente y que usarlo para defender o para subvertir la brutalidad depende de nosotros. A diferencia de la tragedia de Sófocles, la Antígona de Sara Uribe insiste en que haya un «nosotros» y un «nosotros» con poder.

Antígona está resurgiendo. Antígonas (e Ismenes y Hemones) están resurgiendo.

Somos muchos.

Nota de la autora

No es necesario conocer los mitos griegos y romanos para leer este libro. Pero si se quieren leer o releer, las obras *Mythos: The Greek Myths Retold* (Penguin, 2018) y *Heroes: Mortals and Monsters: Quests and Adventures* (Penguin, 2019), de Stephen Fry, y *Arcadian Nights: The Greek Myths Reimagined* (Overlook Press, 2016), de John Spurling, son excelentes versiones, aunque, como todas las versiones, se toman algunas encantadoras libertades. Si se prefiere acudir a las versiones antiguas, Penguin y Oxford World's Classics tienen traducciones buenas y accesibles. Contiene un material fascinante *Anthology of Classical Myth: Primary Sources in Translation*, traducido y editado por Stephen Trzaskoma, R. Scott Smith y Stephen Brunet (segunda edición, Hackett, 2004).

Los nombres de los personajes de los mitos griegos y romanos difieren (Atena/Minerva) y a veces las variaciones confunden. En mi ir y venir por el análisis de los textos griegos y latinos, me he quedado con una versión del nombre del personaje. Puede que a los puristas no les guste, pero he querido minimizar la confusión.

Agradecimientos

Ha sido un placer investigar y escribir este libro, y estoy inmensamente agradecida a todas las personas que me han ayudado.

Mi editora, Katy O'Donnell, ha discutido las ideas y los argumentos del libro con acierto y cuidado. No podría haber deseado una editora mejor o más comprometida. Le debo mucho a Brynn Warriner y a sus compañeros de Bold Type Books, así como a Kate Mueller por su excelente corrección de estilo.

Mi agente, George Lucas, creó la oportunidad de escribir este libro y se le ocurrió #MeTu. (Ojalá lo hubiera hecho yo). Johanna Hanink me presentó a George y ha hablado conmigo sobre las ideas de este libro desde un buen principio.

Mis colegas y estudiantes de la Universidad de California en Santa Bárbara me han presionado para que piense más sobre la importancia de los mitos.

En las primeras etapas de planificación del libro, tuve fructíferas conversaciones con Donna Zuckerberg. Donna es la editora que fundó *Eidolon*, una revista en línea que publica estudios y periodismo contundentes y políticamente informados sobre interacciones antiguas y modernas; su lema es «Clásicos sin fragilidad». Formo parte de su consejo editorial y le debo mucho a Donna, a su equipo editorial (Yung In Chae, Sarah Scullin y Tori Lee) y a los demás miembros de la junta (Johanna Hanink, Tara Mulder y Dan-el Padilla Peralta).

Amigos y colegas han leído y comentado en detalle, generosamente, los borradores manuscritos del libro: Johanna Hanink, John Henderson, Simon Goldhill, Sara Lindheim y Anna Uhlig. Emilio Capettini, Andrés Carrete, Mathura Umachandran, Caroline Vout y Jessica Wright me dieron su opinión sobre capítulos concretos, y Andrés también me ayudó con mi investigación en Ciudad de México. Tony Boyle (que además es mi socio) debatió conmigo los matices del latín de Ovidio. Todas estas personas han mejorado mi pensamiento y me han salvado de cometer errores; por supuesto, no son responsables de los que restan. También he mantenido conversaciones formativas con Bonnie Honig, Rose MacLean y Max Rorty (quienes me acompañaron al concierto para ver a Beyoncé y Jay-Z). Gracias a sus aportaciones, el libro es mucho mejor.

Jennifer Louden y los demás participantes en su grupo de redacción me ayudaron a suavizar parte de la rigidez académica de mi redacción y siempre se mostraron indefectiblemente positivos sobre el proyecto.

Mi hermana, Marina Castledine, leyó mis escritos y me envió libros para que los analizara. Marina, mi hermano Philip Lakka y mis amigas Sara Lindheim, Margaret Prothero, Pascale Beale, Hillary McCollum, Sue Marsh y Jennie Ransom me han apoyado enormemente. Gracias, también, a Tony y Athena Boyle por ser una familia diferente a las de los mitos griegos, por tantos debates apasionados y por su fe en el libro. La bondad, energía y claridad de visión de Atenea y de muchos de su generación me dan esperanza para el futuro.

Notas

1. Sófocles, *Antigone* 471-472; Greta Thunberg citada en una entrevista con Jonathan Watts para el periódico *Guardian* (Manchester, Reino Unido), 11 de marzo de 2019.
2. Véase Helen Morales, *Classical Myth: A Very Short Introduction* (Oxford, UK: Oxford University Press, 2007).
3. Véase George Steiner, *Antigones: The Antigone Myth in Western Literature, Art and Thought* (Oxford, UK: Oxford University Press, 1984); Judith Butler, *Antigone's Claim* (Nueva York: Columbia University Press, 2000); Bonnie Honig, *Antigone, Interrupted* (Cambridge, UK: Cambridge University Press, 2013); los capítulos de Miriam Leonard, Simon Goldhill y Katie Fleming en *Laughing with Medusa: Classical Myth and Feminist Thought*, ed. Vanda Zajko y Miriam Leonard (Oxford, UK: Oxford University Press, 2006); y Fanny Söderbäck, ed., *Feminist Readings of Antigone* (Albany: State University of New York Press, 2010).
4. Bryan Doerries es director artístico de Theater of War Productions, https://theaterofwar.com/projects/antigone-in-ferguson.
5. Ralph Ellison, «On Initiation Rites and Power: Ralph Ellison Speaks at West Point» en *Going to the Territory* (Nueva York: Random House, 1986), 39-63. Véase también el ensayo de Ellison «Going to the Territory» en el mismo volumen, 300: «Es como si una superposición transparente de mito arquetípico se colocara sobre la vida de un individuo, y a través de él nos viéramos a nosotros mismos». Estoy en deuda con el análisis de Patrice D. Rankine: Rankine, *Ulysses in Black: Ralph Ellison, Classicism, and African American Literature* (Madison: Wisconsin University Press, 2006).

6. A Ellison le interesa especialmente la construcción de la identidad negra. La cita en su contexto más amplio en Rankine, *Ulysses in Black*, 127: «La mitología y el folclore, como la ficción en forma de novela, permitieron a Ellison, un escritor negro en la América segregada, la época anterior a los derechos civiles, construir una identidad negra desde fuera de un marco contemporáneo limitado. Aunque su enfoque le valió muchas críticas, Ellison, mediante el folclore y la ficción, construyó personajes humanos cuyas posibilidades trascendían las limitaciones que la sociedad les imponía».

7. Para más información sobre el proyecto Odyssey, véase https://odyssey.projects.theaterdance.ucsb.edu/.

8. No estamos seguros de la fecha del texto. Pudo ser escrito después de la fecha de la *Antígona* de Sófocles, pero si es así, también nos da información sobre el tipo de ideas que circulaban acerca del comportamiento de las niñas. Véase Rebecca Flemming y Ann Ellis Hanson, «'Hippocrates' 'Peri Partheniôn' (Diseases of Young Girls): Texto y traducción» *Early Science and Medicine* 3, n.º 3 (1998): 241-252.

9. Entrevista con Greta Thunberg, *CBS This Morning*, CBS News, 10 de setiembre de 2019, www.cbsnews.com/news/greta-thunberg-climate-change-gift-of-aspergers/. Véase también el discurso de Greta Thunberg «Almost Everything Is Black and White», Declaration of Rebellion, Extinction Rebellion, Parliament Square, Londres, 31 de octubre de 2018, cuyo texto está impreso en Greta Thunberg, *No One Is Too Small to Make a Difference* (Nueva York: Penguin, 2019), 6-13.

10. Véase Esther Eidinow y Julia Kindt, eds., «Part III: Myths? Contexts and Representations», en *The Oxford Handbook of Ancient Greek Religion* (Oxford, UK: Oxford University Press, 2015); y Mary Beard, John North y Simon Price, *Religions of Rome, Volume 1: A History* (Cambridge, UK: Cambridge University Press, 1998). No todos los griegos y romanos antiguos creían en la existencia de dioses y diosas: véase Tim Whitmarsh, *Battling the Gods: Atheism in the Ancient World* (Nueva York: Alfred A. Knopf, 2015).

11. Sobre cómo se recibió la tragedia griega y otros aspectos de la antigüedad clásica en diferentes partes del múndo, véase Betine van Zyl Smit, *A Handbook to the Reception of Greek Drama* (Chichester, West

Sussex, UK: Wiley-Blackwell, 2019); Zara Martirosova Torlone, Dana Lacourse Munteanu y Dorota Dutsch, eds., *A Handbook to Classical Reception in Eastern and Central Europe* (Chichester, West Sussex, UK: Wiley-Blackwell, 2001); Almut-Barbara Renger, *Receptions of Greek and Roman Antiquity in East Asia* (Leiden, Netherlands: Brill, 2018); Barbara Goff y Michael Simpson, *Crossroads in the Black Aegean: Oedipus, Antigone, and Dramas of the African Diaspora* (Oxford, UK: Oxford University Press, 2008); y Kathryn Bosher, Fiona Macintosh, Justine McConnell y Patrice Rankine, eds., *The Oxford Handbook of Greek Drama in the Americas* (Oxford, UK: Oxford University Press, 2015).

12. Véase Donna Zuckerberg, *Not All Dead White Men: Classics and Misogyny in the Digital Age* (Cambridge, MA: Harvard University Press, 2018); Alex Scobie, *Hitler's State Architecture: The Impact of Classical Antiquity* (Filadelfia: Penn State University Press, 1990); Thomas E. Jenkins, *Antiquity Now: The Classical World in the Contemporary American Imagination* (Cambridge, UK: Cambridge University Press, 2015); Simon Goldhill, *Love, Sex, & Tragedy: How the Ancient World Shapes Our Lives* (Nueva York: John Murray, 2004); Kostas Vlassopoulos, *Politics: Antiquity and Its Legacy* (Nueva York: I. B. Tauris, 2015); Page DuBois, *Slavery: Antiquity and Its Legacy* (Nueva York: I. B. Tauris, 2010); Jared Hickman, *Black Prometheus: Race and Radicalism in the Age of Atlantic Slavery* (Oxford, UK: Oxford University Press, 2017); y Edith Hall y Henry Stead, *A People's History of Classics: Class and Greco-Roman Antiquity in Britain 1689 to 1939* (Nueva York: Routledge, 2020).

13. Neville Morley, *Classics Why It Matters* (Cambridge, UK: Polity Press, 2018), 91.

14. Sobre el rastreo de «conexiones frágiles», véase Emily Greenwood, *Afro-Greeks: Dialogues between Anglophone Caribbean Literature and Classics in the Twentieth Century* (Oxford, UK: Oxford University Press, 2010).

15. En la antigüedad, el territorio al que se refería Escitia cambió; para saber más sobre este aspecto, véase Adrienne Mayor, *The Amazons* (Princeton, NJ: Princeton University Press, 2014), 34-51.

16. *Antianeirai* («iguales a hombres») en Homero, *Ilíada* 3.189 y 6.186.

17. Diodorus Siculus in Mayor, *The Amazons*, 253.

18. Sobre las diferentes versiones del mito y detalles de las fuentes antiguas, véase Marco Fantuzzi, *Achilles in Love: Intertextual Studies* (Oxford, UK: Oxford University Press, 2012), 279-286; y Simon Goldhill, «Preposterous Poetics and the Erotics of Death», *EuGeStA*, n.° 5 (2015): 154-177. El poema *Pentesilea* de Robert Graves describe cómo Aquiles «por amor a ese feroz cadáver blanco desnudo/ necrofilia en ella comete», en Michael Longley, ed., *Robert Graves: Selected Poems* (Nueva: Faber and Faber, 2013).

19. Mary Beard, *Women & Power: A Manifesto* (Nueva York: Liveright, 2017), 62.

20. Joseph Serna, Kate Mather y Amanda Covarrubias, «Elliott Rodger, a Quiet, Troubled Loner Plotted Rampage for Months», *Los Angeles Times*, 19 de febrero de 2015. Este tipo de lenguaje comprensivo era común en el informe. Véase también «the lovelorn loner» [el enamorado del amor solitario] en Bonnie Robinson, Larry McShane, Rich Schapiro y Nicole Hensley, «Santa Barbara Killer Elliot Rodger, Son of Hollywood Director, Vowed to 'Slaughter' Women Who Rejected Him», *Daily News* (Nueva York), 27 de mayo de 2014.

21. Kate Manne, *Down Girl: The Logic of Misogyny* (Oxford, UK: Oxford University Press, 2018).

22. Manne, *Down Girl*, 19 (la cursiva es mía).

23. *Ibid.*, 63 (en cursiva en el original).

24. «Manless», Aeschylus, *Suppliant Women*, 287-289. Las amazonas casi nunca se casaban. Sobre la amazona Atalanta que cae en la trampa de casarse, véase Mayor, *The Amazons*, 1-13.

25. Sugiere una manera distinta de controlar el comportamiento sexual de las mujeres en un epílogo de su manifiesto: erradicarlas, salvo a unas cuantas que se dedicarían a la crianza en laboratorios.

26. Citado en Nellie Bowles, «Jordan Peterson, Custodian of the Patriarchy», *New York Times*, 18 de mayo de 2018.

27. Eurípides, *Herakles*, e Higino, *Fabulae*, 32. En algunas versiones del mito, Hércules mata a sus hijos pero no a su esposa; véase Pseudo-Apollodorus, *Bibliotheca* 2.4.12.

28. Sobre el propio manifiesto, véase Sasha Weiss, «The Power of #YesAll-Women», *New Yorker*, 26 de mayo de 2014: «Las fantasías de Rodger son tan evidentemente extrañas y tan extremas que es fácil descartarlas por ser simplemente demenciales. Pero al leer su manifiesto, es posible distinguir, a través de las distorsiones de su mente enfurecida, los perfiles de los principales valores culturales estadounidenses: se recompensan la belleza y la fuerza. Las mujeres son premios que se ganan, un reflejo del capital social del hombre. Riqueza, una casa grande y fama son los logros más preciados. Los solitarios y los pobres son invisibles. Rodger estaba más loco y era más violento que la mayoría de la gente, pero sus creencias convergen en ideas misóginas basadas en ideas de clase que muchas personas sostienen».

29. Véase Jesse Klein, «Teaching Her a Lesson: Media Misses Boys' Rage Relating to Girls in School Shootings», *Crime Media Culture* 1, n.º 1 (2005): 90-97.

30. Estrabón, *Geography* 11.5.3.

31. Las sufragistas creían que las amazonas existieron en la realidad. Elizabeth Cady Stanton explicó en 1891: «El período de la supremacía de la mujer duró muchos siglos: indiscutible, aceptado como natural y adecuado dondequiera que existiera, y se le llamó matriarcado o edad de la madre», de «The Matriarchate, or Mother-Age» (1891), reimpresión en Elizabeth Cady Stanton, *Feminist as Thinker: A Reader in Documents and Essays*, ed. Ellen DuBois y Richard Candida Smith (Nueva York: New York University Press, 2007), 268, citado en Jill Lepore, *The Secret History of Wonder Woman* (Nueva York: Alfred A. Knopf, 2014), 16.

32. El narrador presenta a Wonder Woman en *All Star Comics* #8, escrito por William Moulton Marston: «Sirve como símbolo de integridad y humanidad, para que el mundo de los hombres sepa lo que significa ser una amazona».

33. Traducción del francés citada en la entrada de Wikipedia de Marc Lépine, con enlace a una transcripción de la carta original.

34. Para Boko Haram, «educación» tiene connotaciones de educación occidental y secular.

35. En el original: «I'm going to show you how to *kill* a thot», siendo *thot* el acrónimo de *that ho over there*. (*N. de la T.*)

36. Amanda Hess, «A *Thot* Is Not a *Slut*: The Popular Insult Is More about Race and Class Than Sex», Slate, 16 de octubre de 2014, https://slate .com/ human-interest/2014/10/a-thot-is-not-a-slut-on-popular-slurs-race-class-and-sex.html.

37. Keith Hamm, «San Marcos High School Chat Room Participant Convicted», *Santa Barbara Independent*, 3 de octubre de 2018. Véase también Kacey Drescher, «Disturbing video threatening several Santa Barbara area students leaves parents shaken up», KEYT-TV, ABC, 24 de enero de de 2018, actualizado el 30 de enero de 2018.

38. Keith Hamm, «San Marcos Parents Spar with School District in Wake of Violent Video», *Santa Barbara Independent*, 8 de febrero de 2018.

39. Keith Hamm, «San Marcos Video Threat Lands in Juvenile Court», *Santa Barbara Independent*, 10 de mayo de 2018.

40. La obra se interpretó por primera vez en el año 411 a.C.

41. Para una introducción general a Aristófanes, véase Paul Cartledge, *Aristophanes and His Theatre of the Absurd* (Bristol Classical Press, 1991).

42. *Flickorna* (The Girls), dirigida por Mai Zetterling, escrita por Mai Zetterling y David Hughes (Suecia: Sandrew Film & Teater, 1968).

43. Originalmente parte de una trilogía de obras de teatro ambientadas en la base de la RAF y la USAF en Greenham Common, Berkshire, Reino Unido: Tony Harrison imaginó que las obras se podrían representar con las mujeres del campo por la paz como protagonistas. La trilogía nunca se llegó a representar. La parte 1, *Lysistrata*, se publicó por primera vez en Harrison, «The Common Chorus», *Agni*, n.º 27 (1988), págs. 225-304. Después se publicó como *The Common Chorus: A Version of Aristophanes' Lysistrata* (Londres: Faber and Faber, 1992).

44. Fue representada por primera vez en julio de 1999 por el Battersea Arts Centre, Londres, en colaboración con Steam Industry, y fue publicada en 2011 con el título de *Lysistrata—The Sex Strike* por Germaine Greer, con diálogo adicional de Phil Willmott (Londres: Samuel French).

45. Los fundadores fueron Kathryn Blume y Sharron Bower. Véase Dorota Dutsch, «Democratic Appropriations and Political Activism», en K. Bosher, J. McConnell, F. Macintosh y P. Rankine, ed., *The Oxford*

Handbook of Greek Drama in the Americas (Oxford, UK: Oxford University Press, 2015), 575-594.

46. Maureen Shaw, «History Shows That Sex Strikes Are a Surprisingly Effective Strategy for Political Change», Quartz, 14 de abril de 2017, https://qz.com/958346/history-shows-that-sex-strikes-are-a-surprisingly-effective-strategy-for-political-change/.

47. Alyssa Milano y Waleisah Wilson, «Alyssa Milano: Why the Time Is Now for a #SexStrike», CNN, 13 de mayo de 2019, www.cnn.com/2019/05/13/opinions/alyssa-milano-sex-strike-now/index.html.

48. Escrita en colaboración con Spike Lee y Kevin Willmott. Véase Helen Morales, «(Sex) Striking Out: Spike Lee's Chi-Raq», Eidolon, 17 de diciembre de 2015.

49. Líneas 149-154.

50. Jericho Parms, «Pray the Devil Back to Hell», Huffington Post, 13 de noviembre de 2008, www.huffingtonpost.com/Jericho-parms/empray-the-devil-back-to-b-143734.html; y R. Weinrich, «Pray the Devil Back to Hell», Gossip Central, 11 de noviembre de 2008, www.gossipcentral.com/gossip_central/2008/11pray-the-devil-back-to-hell.html. Para más ejemplos y un estudio más largo, véase Helen Morales, «Aristophanes' *Lysistrata*, The Liberian 'Sex Strike', and the Politics of Reception», *Greece and Rome* 60, n.º 2 (2013): 281-295.

51. Leymah Gbowee, «It's Time to End Africa's Mass Rape Tragedy», Daily Beast, 5 de abril de 2010, actualizado el 14 de julio de 2017, www.thedailybeast.com/its-time-to-end-africas-mass-rape-tragedy.

52. Leymah Gbowee, *Mighty Be Our Powers: How Sisterhood, Prayer, and Sex Changed a Nation at War* (Nueva York: Beast Books, 2011), 147. Véase Joanna Kenty, «Lysistrata in Liberia. Reading Aristophanes's *Lysistrata* with Leymah Gbowee's memoir *Mighty Be Our Powers*», Eidolon, 27 de julio de 2015.

53. El Acuerdo de Paz de Accra se firmó el 18 de agosto de 2003.

54. E. Montes «Colombia's 'Crossed Legs' Protest Is Redefining Women's Activism», *Guardian* (Manchester, Reino Unido), 1 de agosto de 2011.

55. «And so, like modern day Lysistratas, the women of Barbacoas banned sex from the town»: Montes, "Colombia's 'Crossed Legs' Protest Is Redefining Women's Activism". Véase también Lola Adesioye, «Kenya

Stages a Latter-day Lysistrata», *Guardian* (Manchester, Reino Unido), 1 de mayo de 2009; y Beatrice Dupuy, «Kenyan Women Hold Sex Strike to Get Their Husbands to Vote Their Candidate», *Newsweek*, 23 de octubre de 2017: «[Politician Raila] Odinga supported the modern-day Lysistrata strategy» (referido a una llamada a la huelga sexual en Kenia en 2017).

56. Donna Zuckerberg, «Sex Strikes Have Always Been about Patriarchal Power, Not Women's Rights», *Washington Post*, 17 de mayo de 2019.

57. Gbowee, *Mighty Be Our Powers*, 147.

58. Esta versión del mito de Edipo se encuentra en la tragedia de Séneca *Edipo*. Un personaje de la película también se llama Edipo, pero es Chi-Raq quien realmente interpreta el papel del trágico rey. Véase Casey Dué Hackney, «Get in Formation, This Is an Emergency: The Politics of Choral Song and Dance in Aristophanes' *Lysistrata* and Spike Lee's *Chi-Raq*», *Arion* 24 (2016): 111-144.

59. He omitido algunas líneas que también mencionan reunir a la gente de las colonias.

60. Línea 488.

61. Cinzia Arruzza, Tithi Bhattacharya y Nancy Fraser, *Feminism for the 99%: A Manifesto* (Nueva York: Verso, 2019), 7 (en cursiva en el original).

62. E. M. E. Poskitt, *Practical Paediatric Nutrition* (Essex, Reino Unido: Butterworths, 1988), 282.

63. Véase Susan E. Hill, *Eating to Excess: The Meaning of Gluttony and the Fat Body in the Ancient World* (Santa Barbara, CA: Praeger, 2011); Christopher E. Forth, *Fat: A Cultural History of the Stuff of Life* (Londres: Reaktion Books, 2019). El artículo de Christian Laes «Writing the History of Fatness and Thinness in Graeco-Roman Antiquity» es importante, pero a veces saca conclusiones apresuradas: *Medicina nei Secoli Arte e Scienza* 28, n.º 2 (2016): 583-658. Un artículo importante sobre el tema es el de Mark Bradley, «Obesity, Corpulence and Emaciation in Roman Art», *Papers of the British School at Rome* 79 (2011): 1-41.

64. Hipócrates, *Prorrhetica* 2.24.

65. Hipócrates, *Regimen in Health* 4.

66. *Aforismos* 2.44.

67. Como ya he dicho en otro sitio en relación con la controvertida cita de Virgilio en el monumento al 11 de setiembre en Nueva York: David W. Dunlap, «A Memorial Inscription's Grim Origins», *New York Times*, 2 de abril de 2014, www.nytimes.com/2014/04/03/nyregion/an-inscription-taken-out-of -poetic-context-and-placed-on-a-9-11-memorial.html?_r=0.

68. Roxane Gay, *Hunger: A Memoir of (My) Body* (Nueva York: Harper Perennial, 2017), 137.

69. Chris Parr, «Sensitivity Training for Obesity Tweet Professor», The World University Rankings, 7 de agosto de 2013, www.timeshighereducation.co.uk/news/sensitivity-training-for-obesity-tweet-professor/2006382.article. Hay consecuencias para los académicos más allá de la desmoralización. Un estudio de investigación sobre profesoras obesas llegó a la conclusión de que se sienten obligadas a rendir más de lo necesario para contrarrestar y compensar la percepción de que como son gordas deben de ser vagas: Christina Fisanick, «'They Are Weighted with Authority': Fat Female Professors in Academic and Popular Cultures», *Feminist Teacher* 17, n.º 3 (2007): 237-255.

70. Bradley, «Obesity, Corpulence and Emaciation in Roman Art».

71. *Chicago Tribune*, 15 de febrero de 1916. Véase también Ella Morton, «100 Years Ago, American Women Competed in Intense Venus de Milo Lookalike Contests», *Atlas Obscura*, 15 de enero de 2016. Un informe aparecido en el «Intercollegiate Notes» del periódico estudiantil del Trinity College dice así: «Se dice que los promedios compuestos de las chicas de Swarthmore están mucho más cerca de las medidas de la Venus de Milo que los de las de Wellesley, salvo que el tobillo de la de Wellesley está tres décimas de pulgada más cerca de la perfección. Swarthmore también reivindica una Venus propia, la señorita Margaret Willets de Trenton, Nueva Jersey, que coincide con tanta precisión en todos los detalles de las medidas de la famosa estatua que hace que la diferencia sea insignificante». *Trinity Tripod* 7, n.º 37 (3 de marzo de 1916).

72. Sus mediciones aparecieron en el artículo de Jane Dixon, «Being a Modern Venus de Milo Has Its Disadvantages», *Sun* (Nueva York), 5 de marzo de 1916, https://chroniclingamerica.loc.gov/data/batches/

nn_gleason_ver02/data/sn83030272/00206534990/1916030501/0381. pdf.

73. Véase Margaret Justus, «Classical Antiquities at Wellesley College», Wellesley College Digital Scholarship and Archive, 2017, http://scalar. usc.edu/works/classical-antiquities-at-wellesley-college/index.

74. Las tarjetas con las medidas y otras informaciones se encuentran en la exposición en línea *Building the Perfect Student Body* en el Peabody Museum of Archaeology and Ethnology de la Universidad Harvard, www.peabody .harvard.edu/typicalamericans. Véase también Bruce L. Bennett, «Dudley Allen Sargent: The Man and His Philosophy», *Journal of Physical Education, Recreation & Dance* 55, n.º 9 (1984): 61-64.

75. Cicerón, *On 'Invention'* 2.1.1; Pliny, *Natural History* 35.36; y Elizabeth Mansfield, *Too Beautiful to Picture: Zeuxis, Myth, and Mimesis* (Minneapolis: University of Minnesota Press, 2007).

76. Cuenta la historia el gramático romano Festo; véase Adolphe Reinach, *Textes Grecs et Latins: Relatifs à l'histoire de la peinture ancienne* (París: Macon, 1921). Véase la reimpresión: Reinach, *Textes Grecs et Latins* (Chicago: Ares, 1981), pág. 192, n.º 211, bajo la entrada «Pictor».

77. Sobre por qué la Venus de Milo es una belleza ideal mientras que las mujeres sin brazos a menudo son objeto de horror y lástima, véase Lennard J. Davis, «Visualizing the Disabled Body: The Classical Nude and the Fragmented Torso», cap. 6, en *Enforcing Normalcy: Disability, Deafness, and the Body* (Nueva York: Verso, 1995).

78. *Alison Lapper Pregnant* se exhibió en el Fourth Plinth de Trafalgar Square en Londres entre 2005 y 2007. La propia Lapper cuenta en sus memorias que la Venus de Milo le sirvió de motivación para su propia vida y obra: *My Life in My Hands* (Londres: Simon and Schuster, 2005).

79. «Sorrows of the Fat», citado y debatido en Sabrina Strings, *Fearing the Black Body: The Racial Origins of Fat Phobia* (Nueva York: New York University Press, 2019), 142-145.

80. Strings, *Fearing the Black Body*, 211. Véase también Christopher E. Forth, *Fat: A Cultural History of the Stuff of Life* (Londresn: Reaktion

Books, 2019), especialmente «Savage Desires: 'Primitive' Fat and 'Civilized' Slenderness», 207-235; y Sander L. Gilman, *Fat: A Cultural History of Obesity* (Cambridge, UK: Polity Press, 2008).

81. En el pensamiento griego antiguo, la blandura física era un medio para establecer diferencias culturales y geográficas. Se creía que los hombres que tenían un cuerpo blando también tenían una moral blanda, y el entorno desempeñaba un papel en la determinación de ambos. En el texto hipocrático *Aires, aguas, lugares*, encontramos a los escitas, un pueblo nómada de la Eurasia central, descritos en términos que vinculan su entorno con su falta de rigor físico: «Porque ni la resistencia corporal ni mental es posible donde los cambios [estacionales] no son violentos. Por estas causas, su físico es gordo, carnoso, sin articulaciones visibles, húmedo y flácido». Véase Hipócrates, Volumen 1: *Ancient Medicine; Airs, Waters, Places*, trad. W. H. S. Jones (Cambridge, MA: Harvard University Press, 1923), 123-137. La suavidad y la flacidez de los escitas contrastan con el ideal griego de fuerza y resistencia. Aunque las diferencias físicas no se utilizan para inscribir las diferencias raciales, en nuestra comprensión moderna de la raza, algunas de las formas de pensar que sustentan el racismo moderno (el pensamiento de «ellos y nosotros» y la atribución del carácter moral a cualidades físicas y geográficas) se remontan ciertamente a la antigüedad, especialmente durante y después las guerras greco-persas. Véase además, *Fat*, especialmente 70-75. De manera más general, sobre las construcciones de raza en la antigüedad y su impacto en el mundo moderno, véase Denise Eileen McCoskey, *Race: Antiquity and Its Legacy* (Londres: I. B. Tauris, 2012).

82. Véase Linda Bacon, *Health at Every Size: The Surprising Truth about Your Weight* (Dallas, TX: BenBella Books, 2010); y Linda Bacon y Lucy Aphramor, *Body Respect: What Conventional Health Books Get Wrong, Leave Out, and Just Plain Fail to Understand about Weight* (Dallas, TX: BenBella Books, 2016). Ragen Chastain, especialista en *fitness* y activista en defensa de las personas obesas, dice que muy a menudo los estudios científicos tratan la correlación como si fuera causación; véase Chastain, «Correlation Is Killing Us», Dances with Fat, 20 de julio de 2011, https://danceswithfat.wordpress.com/2011/07/20/correlation-is-killing-us/.

83. Citado en Laura Fraser, «My Sister's Cancer Might Have Been Diagnosed Sooner—if Doctors Could Have Seen Beyond Her Weight», STAT, 15 de agosto de 2017, www.statnews.com/2017/08/15/cancer-diagnosis-weight-doctors/.

84. Ellen Maud Bennett, obituary, Legacy.com, www.legacy.com/obituaries/timescolonist/obituary.aspx?n=ellen-maud-bennett&pid=189588876.

85. Hipócrates, *Epidemics* 1.

86. Carl J. Lavie, Richard V. Milani y Hector O. Ventura, «Obesity and Cardiovascular Disease: Risk Factor, Paradox, and the Impact of Weight Loss», *Journal of the American College of Cardiology* 53, n.º 1 (2001): 1925-1932.

87. www.intuitiveeating.org.

88. Aristóteles, *Nicomachean Ethics* 1118b19-1118b21ff.

89. Una explicación brillante y mordaz en Gay, *Hunger*. Para una discusión amplia sobre por qué las personas engordan, véase Anthony Warner, *The Truth about Fat* (Londres: Oneworld, 2019). Algunos de los estudios académicos son el de Mark F. Schwartz y Leigh Cohn, ed., *Sexual Abuse and Eating Disorders* (Bristol, PA: Brunner/Mazel, 1996); y el de Linda Smolak y Sarah K. Murnen, «A Meta-analytic Examination of the Relationship between Sexual Abuse and Eating Disorders», *International Journal of Eating Disorders* 31, n.º 2 (2002): 136-150.

90. Véase Kayla Lattimore, «When Black Hair Violates the Dress Code», nprEd, NPR, 17 de julio de 2017; y Nadra Nittle, «It's Time to Stop Hair-Policing Children of Color», Racked, 25 de mayo de 2017, www.racked .com/2017/5/25/15685456/hair-policing-schools-braids-afros.

91. Julie Rasicot, «Why Do Teen Girls Dress the Way They Do?», *Bethesda Magazine*, 1 de diciembre de 2008, www.bethesdamagazine.com / Bethesda-Magazine/November-December-2008/Why-Do-Teen-Girls-Dress-the-Way-They-Do/.

92. Véase también Sarah Bond, «What Not to Wear: A Short History of Regulating Female Dress from Ancient Sparta to the Burkini», *Forbes*, 31 de agosto de 2016.

93. Véase además Daniel Ogden, 2Controlling Women's Dress: *gynaiko-nomoi*», en ed. Lloyd Llewellyn-Jones, *Women's Dress in the Ancient Greek World* (Londres: Duckworth, 2002).

94. Athenaeus, *Deipnosophistae* 521b; Phylarchus, *FGrH* 81 F54.

95. Anise K. Strong, *Prostitutes and Matrons in the Roman World* (Cambridge, UK: Cambridge University Press, 2016), 22.

96. Cicerón, *Tusculan Disputations* 4.6.

97. Ville Vuolanto, «lex Oppia», en *Oxford Classical Dictionary* en línea, febrero de 2019. Este artículo contiene detalles de los textos antiguos que hablan sobre la Ley Opia, de las diferentes interpretaciones de los expertos y más bibliografía.

98. Vuolanto, «lex Oppia».

99. Según Livy, *History of Rome* 34.1. Ovidio sugiere una protesta más brutal: las mujeres embarazadas se apuñalan a sí mismas para provocarse el aborto (*Fasti* 617-624). Véase también Plutarch, *Roman Questions* 6.

100. Desde luego, la derogación de la Ley Opia también benefició a las familias de la élite que habían acumulado riquezas; hubo más de una razón para derogar la ley.

101. Deanna J. Glickman, «Fashioning Children: Gender Restrictive Dress Codes as an Entry Point for the Trans* School to Prison Pipeline», *Journal of Gender, Social Policy and the Law* 24, n.º 2 (abril 2016): 263-284. Véase también Artika R. Tyner, «The Emergence of the School-to-Prison Pipeline», American Bar Association, 15 de agosto de 2017, www.americanbar.org/groups/gpsolo/publications/gpsolo_ereport/2014/june_2014/the_emergence_of_the_school-to-prison_pipeline/; and NWLC, *Dress Coded: Black Girls, Bodies, and Bias in DC Schools* (report), National Women's Law Center, 2018, https://nwlc.org/resources/dresscoded/.

102. Kate Snyder, «Educators Weigh in on Ending School to Prison Pipeline for Girls of Color», National Education Association, 29 de agosto de 2017, educationvotes.nea.org. Este artículo contiene enlaces a un mapa interactivo donde se pueden consultar los índices de interrupción de la escolaridad en las niñas de color (negras, latinas y nativas americanas) en comparación con las niñas blancas, por estado y por distrito en 2015-2016.

103. Sufiya Ahmed, «Mayim Bialik, if You Think Modest Clothing Protects You from Sexual Harassment, You Need to Listen to These Muslim Women», *Independent* (Londres), 17 de octubre de 2017.

104. Cindy Davis, «Here We Go Again: North Dakota School Bans Girls from Wearing Pants So Teachers and Boys Won't Be Distracted», Pajiba, 3 de octubre de 2014.

105. Se puede ver el código de vestimenta completo en www.eths.k12. il.us//cms

/lib/IL01903927/Centricity/Domain/311/ETHS Student Dress Code Sec118-22-2017.pdf.

106. *The Bacchae*, de Euripides, dirigida por John Tiffany, Kings Theatre, Edinburgo, Escocia, 2007.

107. Euripides, *Bacchae* 228 en David Kovacs, ed. y trad., *Bacchae, Iphigenia at Aulis, Rhesus* (Cambridge, MA: Harvard University Press, 2003).

108. Euripides, *Bacchae* 310.

109. *Ibid.*, 1134.

110. Ovidio, *Metamorphoses* 1.548-552.

111. Sobre los nombres de las lunas galileanas, consúltese «Jupiter Moons», NASA Science: Solar System Exploration, https://solarsystem.nasa. gov/moons / jupiter-moons / in-depth /. Las lunas de Júpiter recién descubiertas todavía se bautizan con el nombre de personajes de los mitos griegos y romanos, pero con los nombres de los hijos y nietos del dios, no con el de sus víctimas: «The Results Are In! Jovian Moon-Naming Contest Winners Announced», Carnegie Science, 23 de agosto de 2019, https://carnegiescience.edu/news/results-are-jovian-moon-naming-contest-winners-announced.

112. Ovidio, *Metamorphoses* 1.545-547.

113. Véase Bettany Hughes, *Helen of Troy: The Story Behind the Most Beautiful Woman in the World* (Nueva York: Vintage Books, 2005); Ruby Blondell, *Helen of Troy: Beauty, Myth, Devastation* (Nueva York: Oxford University Press, 2013); y Helen Morales, «Rape, Violence, Complicity: Colluthus's Abduction of Helen», *Arethusa* 49, n.º 1 (invierno 2016): 61-92.

114. La Encuesta Nacional de Victimización por Delitos del Departamento de Justicia publicada en 2017 (de datos recopilados de 2010 a 2016) informa de que solo 230 de cada 1.000 agresiones sexuales se denuncian a la policía, de las cuales 46 comportan un arresto y 4,6, con-

dena y encarcelamiento. www.rainn .org / statistics / criminal-justice-system.

115. Véase Mike Vilensky, «Schools Out at Columbia, but a Debate over Trigger Warnings Continues», *Wall Street Journal*, 1 de julio de 2015.

116. Véase Amy Richlin, «Reading Ovid's Rapes», en *Arguments with Silence: Writing the History of Roman Women* (Oxford, UK: Oxford University Press, 2014), 130-165.

117. En Ovidio, las víctimas suelen ser, aunque no siempre, mujeres; véase Richlin, «Reading Ovid's Rapes».

118. Véase Judith Lewis Herman, *Trauma and Recovery: The Aftermath of Violence—from Domestic Abuse to Political Terror* (Nueva York: Basic Books, 1992), 99-103, 110, 111; y Kathleen Kendall-Tackett y Bridget Klest, eds., *Trauma, Dissociation and Health: Causal Mechanisms and Multidimensional Pathways* (Londres: Routledge, 2009). Germaine Greer cita un estudio sueco (publicado en la revista *Acta Obstretricia et Gynecologica Scandinavica*, mayo de 2018) que «muestra cuán» normal «es que las víctimas de una agresión sexual experimenten una parálisis temporal que les impide contraatacar o gritar. Los investigadores hablaron con casi 300 mujeres que acudieron a un centro de urgencias en Estocolmo al cabo de un mes de una violación o de un intento de violación. El 70% de ellas dijo que experimentó «inmovilidad tónica» significativa, o parálisis involuntaria, durante el ataque: Greer, On Rape (Londres: Bloomsbury, 2018), 41-42.

119. Se dice en Ovidio, *Metamorphoses* 6.412-674. En este episodio, véase Ingo Gildenhard and Andrew Zissos, «Barbarian Variations: Tereus, Procne and Philomela in Ovid (*Met.* 6.412-674) and Beyond», *Dictynna* 4 (2007), http//journals.openedition.org/dictynna/150.

120. Incluso en la rara ocasión en que Ovidio dedica más tiempo a describir los pensamientos y motivaciones del violador, la atención se centra en la obsesión del hombre con el aspecto, las palabras, la voz y la virtud de la mujer: la violación de Lucrecia por Tarquinio. (Ovid, *Fasti* 2.761-812).

121. Los detalles de las aves en que se metamorfosean Procne y Filomela no se dan en la descripción de Ovidio, pero las encontramos en otras versiones del mito. Ovidio hace que Tereo se convierta en una abubi-

lla, pero en versiones anteriores del mito, se convierte en un halcón: véase P. M. C. Forbes-Irving, *Metamorphosis in Greek Myths* (Oxford, Reino Unido: Oxford University Press, 1990), 99-107.

122. Como se demuestra en Ronan Farrow, *Catch and Kill: Lies, Spies, and a Conspiracy to Protect Predators* (Nueva York: Little, Brown, 2019).

123. Véase Giulia Lamoni, «Philomela as Metaphor: Sexuality, Pornography, and Seduction in the Textile Works of Tracey Emin and Ghada Amer», en ed. Isabelle Loring Wallace y Jennie Hirsh, *Contemporary Art and Classical Myth* (Londres: Routledge, 2011), 175-198.

124. También lo dice Stephanie McCarter, «From Penelope to Pussyhats, The Ancient Origins of Feminist Craftivism», Literary Hub, 7 de junio de 2017. El proyecto Pussyhat fue criticado por excluir a las mujeres trans y a las de color: véase Julie Compton, «Pink 'Pussyhat' Creator Addresses Criticism over Name», NBC News online, 7 de febrero de 2017. También es relevante el sitio web de labores tejidas Ravelry, que ha prohibido el apoyo al presidente Trump en su sitio web porque equivale a apoyar la supremacía blanca: Stephanie Convery, «'White Supremacy': Popular Knitting Website Ravelry Bans Support for Trump», *Guardian* (Manchester, UK), 23 de junio de 2019.

125. Ovid, *Metamorphoses* 5.415-417.

126. *Ibid.*, 425-427.

127. Sobre Iambe, véase Ann Suter, «The *Anasyrma*: Baubo, Medusa, and the Gendering of Obscenity», en ed. Dorota Dutsch y Ann Suter, *Ancient Obscenities: Their Nature and Use in the Ancient Greek and Roman Worlds* (Ann Arbor: University of Michigan Press, 2015), 21-43. Sobre el *Homeric Hymn to Demeter*, véase Helene P. Foley, ed., *The Homeric Hymn to Demeter: Translation, Commentary, and Interpretative Essays* (Princeton, NJ: Princeton University Press, 1994).

128. Fotos publicadas exclusivamente en el periódico londinense *Daily Mail*, 10 de noviembre de 2015, actualizado el 10 de noviembre de 2016, www.dailymail .co.uk/news/article-3303819/Inside-Donald-Trump-s-100m-penthouse -lots-marble-gold-rimmed-cups-son-s-toy-personalized-Mercedes-15-000-book-risqu-statues.html.

129. El diseño suele atribuirse a Angelo Donghia, pero Chuck Chewning, el director creativo de Donghia, Inc. durante ocho años, sugirió que

un «diseñador de casinos» sin nombre tuvo más influencia en el aspecto definitivo: citado en Jesse Kornbluth, «Before the Goldrush», BuzzFeed, 16 de enero de 2017.

130. Dos ejemplos de estas metáforas ampliamente utilizadas: «A lo largo de la última parte del siglo XX, la política federal maderera en tierras públicas fue criticada regularmente por destruir el bosque virgen y priorizar la extracción comercial de madera a expensas de un hábitat forestal importante», de Bruce Huber, «The US Public Lands as Commons», en ed. Blake Hudson, Jonathan Rosenbloom y Dan Cole, *Routledge Handbook of the Study of the Commons* (Londres: Routledge, 2019), 135-143; «La gente está ahí para proteger a la Madre Tierra de ser violada y destruida [...]. Debemos honrar, respetar y amar a nuestra Madre por darnos la vida, la tierra, los unos a los otros y a nosotros mismos», de Jessica Montoya, «Rising in Solidarity against the Exploitation of Mother Earth by the Dakota Access Pipeline», One Billion Rising Revolution, 6 de setiembre de 2016, www .onebillion-rising.org/37522/37522/.

131. Tal como han observado las ecofeministas: Tzporah Berman, «The Rape of Mother Nature? Women in the Language of Environmental Discourse», en ed. Alwin Fill and Peter Mühlhäusler, *The Ecolinguistics Reader: Language, Ecology, and the Environment* (Londres/Nueva York: Continuum, 2001), 258-269. Un estudio en *Scientific American* concluye que, en los Estados Unidos, existe una brecha de género considerable en las opiniones sobre el cambio climático y muchos hombres ven el activismo contra el cambio climático como una actividad femenina: Aaron R. Brough y James E. B. Wilkie, «Men Resist Green Behavior as Unmanly», *Scientific American*, 26 de diciembre de 2017, www.scientificamerican.com/article/men-resist-green-behavior-as-unmanly/.

132. Ovidio, *Metamorphoses* 1.566-567. Estas líneas encierran cierta ambigüedad, pero la palabra latina *adnuit* normalmente significa «asentir inclinando la cabeza», más que «inclinar la cabeza».

133. Como dice Jill Da Silva en «Ecocriticism and Myth: The Case of Erysichthon», *Interdisciplinary Studies in Literature and the Environment* 15, n.º 2 (1 de julio de 2008): 103-116.

134. Juan C. Rocha, Garry Peterson, Örjan Bodin y Simon Levin, «Cascading Regime Shifts within and across Scales», *Science* 362, n.º 6421 (2018): 1379-1383.

135. Solo en 2017, según el Observatório do Clima, una red sin ánimo de lucro que trabaja en el cambio climático, el 46% de las emisiones de gases de efecto invernadero en Brasil fue causado por la deforestación del Amazonas: Dom Phillips, «Brazil Records Worst Annual Deforestation for a Decade», *Guardian* (Manchester, Reino Unido), 23 de noviembre de 2018.

136. «Climate Change Is Making Wildfires More Extreme. Here's How», *PBS News Hour*, 6 de agosto de 2018; «Climate Change Is Creating Catastrophic Wildfires», World Economic Forum, weforum.org/agenda/2019/05/the-vicious-climate-wildfire-cycle; y «Wildfires and Climate Change: What's the Connection?», Yale Climate Connections, www.yaleclimateconnections.org/2019/07/wildfires-and-climate-change-whats-the-connection/.

137. Iowa tiene 400 millas cuadradas; la zona destruida fue de 440 millas cuadradas. Para más información sobre el Thomas Fire, véase https://en.wikipedia.org/wiki /Thomas_Fire.

138. Véase Stephanie Lynn Budin, *Artemis* (Londres: Routledge, 2016); y Tobias Fischer-Hansen y Birte Poulsen, eds., *From Artemis to Diana: The Goddess of Man and Beast. Acta Hyperborea* (Copenhague, Dinamarca: Museum Tusculanum Press, 2009), 12. En el *Crátilo* de Platón, el nombre de Artemisa está vinculado al término griego *artemēs*, que significa «seguro» o «ileso».

139. Véase el *Himno homérico de Apolo Delio*.

140. Callimachus, *Hymn 3: To Artemis*.

141. Katniss Everdeen es en parte Diana y en parte Amazona. Véase Beverly J. Graf, «Arya, Katniss, and Merida: Empowering Girls through the Amazonian Archetype», en ed. Monica S. Cyrino y Meredith E. Safran, *Classical Myth on Screen* (Nueva York: Macmillan, 2015), 73-82; y Helen Eastman, «Young Female Heroes from Sophocles to the Twenty-First Century», en ed. Justine McConnell and Edith Hall, *Ancient Greek Myth in World Fiction since 1989* (Londres: Bloomsbury, 2016), 211-224. Más ampliamente sobre el mito griego como inspi-

ración de *Los juegos del hambre*, véase David Levithan, «Q&A: Suzanne Collins Talks about "The Hunger Games", the Books and the
Movies», *New York Times*, 18 de octubre de 2018.

142. Ovidio, *Metamorphoses* 3.165-205.

143. Red Mesa de Mujeres Juarez, www.mesademujeresjuarez.org/. Véase
también Marti Quintana, «Mexican Women Take Action against a
Growing Number of Femicides», EFE-EPA, 18 de agosto de 2019;
y Michelle Lara Olmos, «Ni Una Más: Femicides in Mexico», Justice in
Mexico, 4 de abril de 2018, https://justiceinmexico.org/femicides-
inmexico/; y Patricia Olamendi, *Feminicidio en México* (Ciudad de
México: Instituto Nacional de la Mujeres, 2016). La policía no inves-
tiga todos los asesinatos: para más información, véase observato-
riofeminicidiomexico.org. Algunos académicos cuestionan la imagen
de Juárez como particularmente violenta hacia las mujeres: el estudio de 2008 de Pedro H. Albuquerque y Prasad Vemala concluye
que las tasas de feminicidio en la ciudad no son más altas que las de
ciudades como Nuevo Laredo. Véase «Femicide Rates in Mexican
Cities along the US-Mexico Border: Do the Maquiladora Industries
Play a Role?», SSRN Electronic Journal (9 de noviembre de 2015).

144. Véase Teresa Rodríguez y Diana Montané, *The Daughters of Juárez:
A True Story of Serial Murder South of Border*, con Lisa Pulitzer
(Nueva York: Atrai Books, 2007). Sobre los conductores de autobús
de Toltecas, véase Alejandro Lugo, *Fragmented Lives, Assembled
Parts: Culture, Capitalism, and Conquest at the U.S.-Mexico Border*
(Austin: University of Texas, 2008), 233-248 (incluidos extractos de
prensa local).

145. Rodriguez y Montaném, *The Daughters of Juárez*, 190-195.

146. Yuri Herrera, «Diana, Hunter of Bus Drivers», *This American Life*,
WBEZ Chicago, 2013, www.thisamericanlife.org/Diana-hunter-of-
bus-drivers/.

147. El arquitecto fue Antonio Rivas Mercado.

148. Se cuenta una historia parecida sobre otra estatua de una Diana desnuda, Diana de la Torre de Augustus Saint-Gaudens. Se exhibió sobre la torre del Madison Square Garden, en la ciudad de Nueva York
de 1894 a 1925, y provocó un escándalo porque era una figura de

Diana desnuda. Ahora, la estatua se encuentra en el Museo de Arte de Filadelfia. Véase Budin, *Artemis*, 163.

149. Alfonso Fernández de Córdova, «Cincuenta años de silencio; ¡Diana cazadora vive!», Reportajes Metropolitanos, 18 de mayo de 2008, http://reportajesmetropolitanoes.com.mx/personajesyentrevist_mayo_08.htm.

150. Mario Larrez, «Del Caballito a Las Lomas», *Jueves de Excélsior*, n.º 1222, 6 de diciembre de 1945, 13-14, citado en Claire A. Fox, «Lo clásico de México moderno: Exhibiting the Female Body in Post-revolutionary Mexico», *Studies in Latin American Popular Culture* 20 (2001): 1-31.

151. El parque fue creado en 1592. Las fuentes se encargaron durante el gobierno de Porfirio Díaz, que tenía por objetivo poner la Ciudad de México en pie de igualdad con otras capitales: la colocación de estatuas con figuras de la mitología clásica formaba parte de esa política cultural. Durante la época colonial, el parque estaba reservado al disfrute de las élites sociales, pero eso comenzó a cambiar después de la Independencia de México en 1821. A fines del siglo XIX, era popular entre todas las clases sociales. El parque se renovó en 2012 y se prohibió el acceso a los vendedores ambulantes. Véase José Rojas Garcidueñas, «Mexico City's Fountains», *Artes de México*, n.º 136 (1970): 22-78; y Carlos Villasana y Ruth Gómez, «Las Fuentes del Paseo Capitalino Más Antiguo», *El Universal* (Mexico City), 4 de marzo de 2017, www.eluniversal.com.mx/entrada-de-opinion/colaboracion/mochilazo-en-el-tiempo/nacion/sociedad/2017/03/4/las-fuentes-del. Para una información más general, véase Andrew Laird y Nicola Miller, eds., *Antiquities and Classical Traditions in Latin America* (Hoboken, NJ: Wiley-Blackwell, 2018).

152. Véase Campbell Bonner, «The Danaid Myth», *Transactions and Proceedings of the American Philological Association* 31 (1900): 27-36.

153. Kelly Oliver, *Hunting Girls: Sexual Violence from* The Hunger Games *to Campus Rape* (Nueva York: Columbia University Press, 2016), 121.

154. Sobre la indignación de las mujeres, véase Soraya Chemaly, *Rage Becomes Her: The Power of Women's Rage* (Nueva York: Simon and

Schuster, 2018); y Brittney Cooper, *Eloquent Rage: A Black Feminist Discovers Her Superpower* (Nueva York: St. Martin's Press, 2018).

155. Andrea Dworkin, *Mercy: A Novel* (Londres: Secker and Warburg, 1990), 166.

156. Como analiza Jessa Crispin: Crispin, *Why I Am Not a Feminist* (Nueva York: Melville House, 2017), 39-44.

157. Véase el grupo de la campaña, We Stand with Nikki, para más detalles: https://westandwithnikki.com/criminilization-of-survival.

158. Esta version del mito se encuentra en la obra de Hesíodo *Theogony* 166-206.

159. Es posible que la pintura de Botticelli se inspirara en el *Himno homérico a Afrodita*, una poesía cuya fecha sigue siendo incierta, pero que probablemente se escribió dos siglos más tarde que la de Hesíodo.

160. Para más información, véase Mary Beard, *How Do We Look: The Body, the Divine, and the Question of Civilization* (Nueva York: Liveright, 2018); véase especialmente «The Stain on the Thigh», 85-90.

161. Véase Christine Mitchell Havelock, *The Aphrodite of Cnidos and Her Successors: A Historical Review of the Female Nude in Art* (Ann Arbor: University of Michigan Press, 1995).

162. Meg Samuelson, *Remembering the Nation, Dismembering Women? Stories of the South African Transition* (Durban, Sudáfrica: University of KwaZulu Natal Press, 2007), 86.

163. Sherronda J. Brown, «The NYT Review of "Venus" Is a Reminder That Black Women and Our Suffering Are Often Invisible to Others», RaceBaitr, 22 de mayo de 2017, racebaitr.com. El libro de Brown trata de una producción de la obra *Venus* de Suzan-Lori Parks (Nueva York: Dramatists Play Services, 1998). Venus explora las relaciones entre Saartje Baartman, el público que se acercó a mirarla y el médico que la hizo viajar por el continente y con quien mantuvo una relación sexual. Sobre la *Venus* de Parks, personificación y lenguaje, véase Patrice D. Rankine, *Aristotle and Black Drama: A Theater of Civil Disobedience* (Waco, TX: Baylor University Press, 2013), 194-201.

164. El grabado se basó en una pintura de Thomas Stothard, que hoy está perdida.

165. Isaac Teale, «The Voyage of the Sable Venus from Angola to the West Indies», en ed. Marcus Wood, *The Poetry of Slavery: An Anglo-American Anthology, 1764-1865* (Oxford, UK: Oxford University Press, 2003), 30. La primera impresión del poema apareció en Bryan Edwards, *The History, Civil and Commercial, of the British Colonies in the West Indies* (1783), pero antes se publicó anónimamente (en Jamaica en 1765 y otra vez en 1792). Lo más probable es que Teale fuera un clérigo anglicano empleado por el tío de Bryan Edwards como tutor de Edwards. Edwards fue educacado para ser miembro del Parlamento británico y era partidario de la esclavitud. El poema hace referencia a Safo y Ovidio, y en 1793 Edwards añadió un epígrafe al poema de las *Églogas* de Virgilio. Véase Regulus Allen, «"The Sable Venus" and Desire for the Undesirable», *Studies in English Literature, 1500-1900* 51, n.º 3 (verano 2011), 667-691.

166. La estrofa final se omitió en la publicación de 1792.

167. Si la respuesta «es ficción» no basta, este artículo de Tim Whitmarsh hace algunas puntualizaciones excelentes: «Black Achilles», *Aeon*, 9 de mayo de 2018, https://aeon.co/essays/when-homer-envisioned-achilles-did -he-see-a-black-man.

168. Bajo la dirección artística de Awol Erizku. Sobre la apropiación de la antigüedad clásica por parte de Jay-Z, véase Dan-el Padilla Peralta, «From Damocles to Socrates», Eidolon, 8 de junio de 2015, https://eidolon.pub/from-damocles-to -socrates-fbda6e685c26.

169. Las fotografías de Beyoncé durante su embarazo se publicaron originalmente en su página de Instagram. Se han reproducido en otros sitios, por ejemplo en *1966 Magazine*, 7 de febrero de 2017, https://1966mag.com/beyonce-pregnancy-instagram-photo-hits-10-million-likes/. Junto a las fotografías se publicó un poema de Warsan Shire, poeta somalí residente en Londres, titulado «I have three hearts» [Tengo tres corazones]. Los tres corazones se refieren a Beyoncé y su embarazo (estaba embarazada de gemelos), pero también a la transformación que tiene lugar a medida que crece la vida dentro de la madre. La mujer del poema se convierte en Venus cuando se convierte en madre, y la «Venus negra» es homenajeada junto a Osun, Nefertiti y Yemoja; el poema nos ayuda a interpretar las fotografías.

170. «An Open Letter to Mary Daly» de Audre Lorde se publicó en Audre Lorde, *Sister Outsider: Essays & Speeches* (Nueva York: Ten Speed Press, 1984, 2007), 66-71.

171. Véase «Identity Europa», Southern Poverty Law Center, www.splcenter.org/fighting-hate/extremist-files/group/identity-evropa. Para saber más sobre raza, la antigüedad clásica y la academia, véase Rebecca Futo Kennedy, «We Condone It by Our Silence: Confronting Classics' Complicity in White Supremacy», Eidolon, 11 de mayo de 2017, https://eidolon.pub/we -condone-it-by-our-silence-bea76fb59b21; Dan-el Padilla Peralta, «Classics beyond the Pale», Eidolon, 20 de febrero de 2017, https://eidolon.pub/classics-beyond-the-pale-534bdbb3601b; y Mathura Umachandran, «Fragile, Handle with Care: On White Classicists», Eidolon, 5 de junio de 2017, https://eidolon.pub/fragile-handle-with-care-66848145cf29.

172. Donna Zuckerberg, *Not All Dead White Men: Classics and Misogyny in the Digital Age* (Cambridge, MA: Harvard University Press, 2018).

173. Dentro de las tradiciones europeas, los ingleses y los alemanes se han visto a sí mismos como los verdaderos herederos de la civilización griega antigua. En cuanto a la exclusión de los griegos modernos de esta herencia, véase Johanna Hanink, *The Classical Debt: Greek Antiquity in an Era of Austerity* (Cambridge, MA: Belknap Press, 2017). Para más información acerca de los problemas del pensamiento sobre la civilización, véase Mary Beard, *How Do We Look: The Body, the Divine, and the Question of Civilization* (Nueva York: Liveright, 2018); Kwame Anthony Appiah, «There Is No Such Thing as Western Civilization», *Guardian* (Manchester, UK), 9 de noviembre de 2016; y Silvia Federici, ed., *Enduring Weste rn Civilization: The Construction of the Concept of Western Civilization and Its "Others"* (Westport, CT: Praeger, 1995).

174. Sobre la autoctonía, véase Vincent J. Rosivach, «Autochthony and the Athenians», *Classical Quarterly* 37, n.º 2 (1987): 294-306; y James Roy, «Autochthony in Ancient Greece», en ed. Jeremy McInerney, *A Companion to Ethnicities in the Ancient World* (Chichester, West Sussex, UK: Wiley-Blackwell, 2014), 241-255.

175. Kara Walker, «Notes from a Negress Imprisoned in Austria», en ed. Johannes Schlebrügge, *Kara Walker: Safety Curtain* (Viena, Austria: P & S Wien, 2000), 23-25.

176. «Catalog of paintings in the Louvre Museum», Wikipedia, presenta una lista de las pinturas tal como están catalogadas en la base de datos Joconde del Louvre. Véase también Karen Grigsby Bates, «Not Enough Color in American Art Museums», NPR, 13 de abril de 2018, www.npr.org/sections/codeswitch/2018/04/13/601982389/not-enough-color-in-american-art-museums; and the art activist work of the Guerrilla Girls, www.guerrillagirls.com/.

177. The Carters y Pharrell Williams (coescritores y coproductores), APESHIT, dirigida por Ricky Saiz, grabada en mayo de 2018, YouTube music video, 6 min, colgada el 16 de junio de 2018, www.youtube.com/watch?v=kbMqWXnpXcA.

178. Josefina era una mujer criolla nacida en Martinica. Beyoncé se ha referido a su propia identidad criolla en las canciones *Creole* y *Formation*.

179. Jay-Z también explora esta idea en su canción «Picasso Baby» (2013).

180. «Brand New Ancients» es el título de una poesía, escrita para ser representada o leída en voz alta, por Kate Tempest, en Tempest, *Brand New Ancients* (Nueva: Picador, 2013).

181. Cómo vemos la esfinge depende de la perspectiva cultural de cada cual. Según la tradición mitológica egipcia, la esfinge era benéfica. Se dice que el nombre deriva de la palabra egipcia *shesep-ankh*, que significa «imagen viva del rey». Como dice el comentario del Louvre, la esfinge era «guardiana y protectora [...] defensora de Egipto contra fuerzas hostiles». En la tradición mitológica griega, por el contrario, la esfinge tenía cabeza femenina y era peligrosa para los humanos. Se dice que el termino «esfinge» proviene de la palabra griega *sphingein*, «estrangular»; estrangulaba a los hombres que no lograban descifrar los acertijos que ella planteaba.

182. Previamente, la estatua fue identificada como Cincinato, un estadista romano que se hizo legendario debido a sus virtudes y capacidad de liderazgo. Véase Francis Haskell y Nicholas Penny, *Taste and the An-*

tique: The Lure of Antique Sculpture 1500-1900 (New Haven, CT: Yale University Press, 1981), 182-184.

183. Cuanto más sabemos sobre el arte visual afroamericano, más resonancias cobra el vídeo. Por ejemplo, la escena en que se peina con un peine africano se hace eco de las fotografías de Carrie Mae Weems *Kitchen Table Series* (1990), y el baile frente a la pintura de David recuerda el tapiz de Faith Ringgold *Dancing in the Louvre*, sobre el cual véase Dan Cameron, ed., *Dancing in the Louvre: Faith Ringgold's French Collection and Other Story Quilts* (Berkeley: University of California Press, 1998). Véase también Constance Grady, «The Meaning behind the Classical Paintings in Beyoncé and Jay-Z's "Apeshit"» Vox, 19 de junio de 2018; Ariel Lebeau, «An Art History Expert Breaks Down Beyoncé and Jay-Z's "APESHIT" Video», *Fader*, 18 de junio de 2018; Sarah Cascone, «"I May Need to Lie Down": The Art World Goes Nuts over Beyoncé and Jay-Z's Louvre Takeover on Social Media», Artnet News, 19 de junio de 2018; y Alejandra Salazar, «Beyoncé & Jay-Z's New Video Is a Major Lesson in Art History», Refinery29, 17 de junio de 2018. Para información más general sobre Beyoncé y feminismo, véase Omise'eke Natasha Tinsley, *Beyoncé in Formation: Remixing Black Feminism* (Austin: University of Texas Press, 2018).

184. Rebecca Solnit, *Call Them by Their True Names: American Crises (and Essays)* (Chicago: Haymarket Books, 2018).

185. Véase la iniciativa Eos, que facilita el estudio colaborativo sobre las recepciones africanas de la Grecia y la Roma antiguas, www.eosafricana.org/.

186. Véase «Creative Time Presents Kara Walker», http://creativetime.org/projects/karawalker/; Matthew Israel, *The Big Picture: Contemporary Art in 10 Works by 10 Artists* (Múnich: Prestal Verlag, 2017), 156-173; Rebecca Peabody, *Consuming Stories: Kara Walker and the Imagining of American Race* (Oakland: University of Calfornia Press, 2016); y Schlebrügge, ed., *Kara Walker*.

187. Sobre Monae Smith, véase UWB Zine Queenz, *Badass Womxn in the Pacific Northwest* (Creative Commons, n.d.), https://uw.pressbooks.pub/badasswomxninthepnw/; Dorothea Smartt, *Connecting Medium*

(Leeds, UK: Peepal Tree, 2001); Kanika Batra, «British Black and Asian LGBTQ Writing», en ed. Deirdre Osborne, *The Cambridge Companion to British Black and Asian Literature, 1945-2010*. (Cambridge, UK: Cambridge University Press, 2016); y Laura Griggs, «Medusa? Medusa Black! Revisionist Mythology in the Poetry of Dorothea Smartt», en ed. Kadija Sesay, *Write Black, Write British: From Post-Colonial to Black British Literature* (Hertford, UK: Hansib, 2015), 180-181.

188. Robin Coste Hughes, *Voyage of the Sable Venus and Other Poems* (Nueva York: Alfred A. Knopf, 2017). Véase también Dan Chiasson, «Rebirth of Venus: Robin Coste Lewis's Historical Art», *New Yorker*, 19 de octubre de 2015.

189. La historia la cuenta el escoliasta (quien introducía comentarios en los textos) en el *Gallo* de Luciano 19: véase Hugo Rabe, ed., *Scholia in Lucianum* (Leipzig, Alemania: Teubner, 1902), 92. El juego griego con la palabra *poiein* (que significa «hacer») y el hecho de que Cenis engañara a Poseidón (Neptuno) para que hiciera lo que ella quisiera, convertirla en hombre, nos recuerda el engaño de Odiseo al cíclope (hijo de Poseidón), diciéndole que «Noman» [en inglés «nadie»] lo cegó.

190. Agradezco a Hannah Clarke que haya compartido conmigo algunas de las respuestas de la encuesta antes de publicarla. Me contó cómo concibió el proyecto: «Soy muy muy *queer*, tanto en el sentido sáfico como en el sentido de que mi género es complicado. Llevo tatuado el nombre de Safo en la parte anterior del codo. Mi amor (poco convencional, impregnado de libertades artísticas) por los clásicos durante la enseñanza secundaria influyó en la comprensión de mí misma [...]. Sabía que el idioma de los clásicos era una especie de código para la gente *queer* ("¿este habla latín?") y que la gente como yo (un poco rara, exageradamente entusiasta, gótica y exquisitamente gay) en la ficción tenía tendencia a gravitar hacia la antigüedad... Sin embargo, descubrí que la literatura sobre la recepción *queer* de los clásicos era sorprendentemente escasa. Pensé que haría la mía». Para más información sobre Hannah Clarke, véase «Queer Classics», Eidolon, 23 de julio de 2019. Para otro testimonio sobre la importancia de Hermafrodito y otras figuras de género no binario de la antigüedad

clásica, véase Grace Gillies, «The Body in Question: Looking at Non-Binary Gender in the Greek and Roman World», Eidolon, 9 de noviembre de 2017.

191. Véase Daniel Orrells, *Sex: Antiquity and Its Legacy* (Londres: I.B. Tauris, 2019). Recurrir a la antigua Grecia se puede emplear para socavar los derechos de los homosexuales, como ocurrió en una audiencia de la Corte Suprema de EE. UU en 2015 sobre la constitucionalidad de las prohibiciones de matrimonios entre personas del mismo sexo, cuando el juez Alito invocó la antigua Grecia como una sociedad que no permitía el matrimonio homosexual, pero de la que no se podía decir que fuera homofóbica; para más información sobre Zachery Herz, véase «Law v. History: The Story of the Supreme Court's Misguided, Forty-Year Fixation on Ancient Gay History», Eidolon, 25 de junio de 2015.

192. Sobre el juicio de Oscar Wilde, véase Alastair J.L. Blanshard, *Sex: Vice and Love from Antiquity to Modernity* (Chichester, West Sussex, UK: Wiley-Blackwell, 2010); véase especialmente «Part II: Greek Love», 91-163.

193. Véase James Davidson, *The Greeks and Greek Love* (New Haven, CT: Phoenix Press, 2008).

194. Sobre la relación entre Aquiles y Patroclo en la *Ilíada* de Homero, véase Shane Butler, «Homer's Deep», en ed. Shane Butler, *Deep Classics: Rethinking Classical Reception* (Londres: Bloomsbury, 2016), 21-48. Sobre Aquiles y Patroclo en la tradición literaria posterior, véase Marco Fantuzzi, *Achilles in Love* (Oxford, UK: Oxford University Press, 2012) con las reservas de Butler. *The Song of Achilles* de Madeline Miller (Nueva York: HarperCollins, 2012) es una emotiva novelización moderna de su relación.

195. Véase Daniel Orrells, *Sex: Antiquity and Its Legacy* (Londres: I. B. Tauris, 2019), especialmente 100-195; y Richard Hunter, *Plato's Symposium* (Oxford, UK: Oxford University Press, 2004).

196. Véase Margaret Reynolds, ed., *The Sappho Companion* (Basingstoke, UK: Palgrave, 2001); Jane McIntosh Snyder, *Lesbian Desire in the Lyrics of Sappho* (Nueva York: Columbia University Press, 1997); Ellen Greene, *Re-reading Sappho: Reception and Transmission* (Ber-

keley: University of California Press, 1999); y Daniel Orrells, *Sex: Antiquity and Its Legacy* (Londres: I. B. Tauris, 2019), 126-151.

197. El artículo de Vanda Zajko es una excepción: «"Listening with" Ovid: Intersexuality, Queer Theory, and the Myth of Hermaphroditus and Salmacis», *Helios* 36, n.º 2 (otoño de 2009): 175-202.

198. Véase Luc Brisson, *Sexual Ambivalence: Androgyny and Hermaphroditism in Graeco-Roman Antiquity*, trad. de Janet Lloyd (Berkeley: University of California Press, 2002), 7-40.

199. Sobre Aquiles y Deidamía, véase Statius, *Achilleid*, y sobre Calisto y Júpiter, véase Ovid, *Metamorphoses* 2.409-530, y *Fasti* 2.153-192.

200. Ovidio, *Metamorphoses* 12.169-209.

201. *ita fama ferebat* (línea 197) y *eadem hoc quoque fama ferebat* (línea 200).

202. Akousilaus fue un mitologista de finales del siglo VI y principios del siglo V a.C.: *FGrH* 2 fr.22 [=P. Oxy. 13, 1611, fr. 1, col. 2, 38-96]. Καινῆι δὲ τῆι Ἐλάτου μίσγεται Ποσειδῶν. ἔπειτα—οὐ γὰρ ἦν αὐτῶι ἱερὸν παῖδας τεκέν οὔτ᾽ ἐξ ἐκείνου οὔτ᾽ ἐξ ἄλλου οὐδενός—ποιεῖ αὐτὸν Ποσειδέων ἄνδρα ἄτρωτον, ἰσχὺν ἔχοντα μεγίστην τῶν ἀνθρώπων τῶν τότε, καὶ ὅτε τις αὐτὸν κεντοίη σιδήρωι ἢ χαλκῶι, ἡλίσκετο μάλιστα χρημάτων.

203. La organización Human Rights Campaign se encarga de rastrear los ataques contra hombres y mujeres trans, www.hrc.org/.

204. Ovidio, *Metamorphoses* 12.470-476.

205. Sara Ahmed, «An Affinity of Hammers», *Transgender Studies Quarterly* 3, n.º 1-2 (2016): 22-34.

206. Eddie Izzard, *Believe Me: A Memoir of Love, Death, and Jazz Chickens* (Nueva York: Blue Rider Press, 2017).

207. Véase Anthony Corbeill, *Sexing the World: Grammatical Gender and Biological Sex in Ancient Rome* (Princeton, NJ: Princeton University Press, 2015), 112-135, citando a Michiel de Vaan, *Etymological Dictionary of Latin and the Other Italic Languages* (Leiden, Países Bajos: Brill, 2008).

208. Macrobio escribió a finales del siglo IV d.C.: «En Chipre, incluso hay una estatua que representa a Venus con barba pero vestida con ropa femenina, equipada con un cetro y mostrando órganos sexuales masculinos, y se cree que en un tiempo fue a la vez hombre y mujer. Aris-

tófanes la llama Afrodito. [Otro escritor se refiere a ella como] Venus la criadora, [ella es] tanto hombre como mujer [...] al ofrecerle sacrificios, los hombres visten ropa de mujer y las mujeres ropa de hombre, porque se la considera a la vez hombre y mujer» (*Saturnalia* 3.8.2-3). Analizado en Brisson, *Sexual Ambivalence*, 54.

209. En latín, aparte de los dioses originales que carecían de género, a todos los dioses y humanos les correspondían pronombres masculinos o femeninos. El sexo gramatical no se correspondía completamente con el sexo biológico.

210. Servius, *Aeneas* 7.498, más análisis en Anthony Corbeill, *Sexing the World: Grammatical Gender and Biological Sex in Ancient Rome* (Princeton, NJ: Princeton University Press, 2015), 119.

211. Sobre el mito de Tiresias, véase Nicole Loraux, *The Experiences of Tiresias: The Feminine and the Greek Man* (Princeton, NJ: Princeton University Press, 1995); véanse especialmente las páginas 211-226.

212. Sobre Tiresias y la «brecha del orgasmo», véase Tara Mulder, «What Women (Don't) Want: Tiresias on Female Pleasure», Eidolon, 19 de marzo de 2018.

213. Jeffrey Eugenides, *Middlesex: A Novel* (Nueva York: Picador, 2002); y Sarah Graham, «"See Synonyms at Monster": En-freaking Transgender in Jeffrey Eugenides's *Middlesex*», *Ariel* 40, n.º 4 (2009): 1-18.

214. Eugenides, *Middlesex*, 430.

215. Ovidio, *Metamorphoses* 4.378-4.379.

216. *Ibid.*, 9.794. El cuento empieza en 9.666.

217. Ovidio, *Metamorphoses* 9.731. Para más información sobre el tropo, véase Simon Goldhill, *Virginity de Foucault: Ancient Erotic Fiction and the History of Sexuality* (Cambridge, Reino Unido: Cambridge University Press, 1995), 46-111. Para una lectura más pesimista de la historia de Ifis y Yante desde la perspectiva de un hombre trans, véase Sasha Barish, «Iphis 'Hair, Io's Reflection, and the Gender Dysphoria of the Metamorphoses», Eidolon, 16 de julio de 2018. Para Barish, son otros los episodios de transformación más significativos, por ejemplo, las metamorfosis de Lycaon y de Io: «En las descripciones de Ovidio de las metamorfosis en animales resuena el extraño estado psicológico que he sufrido durante años, y las descripciones de disfo-

ria [de género] de muchas otras personas. Entre las obras de la literatura antigua, son estas transformaciones las que más fieles son a mis sentimientos más íntimos».

218. Los gorilas son bisexuales. La mantis religiosa femenina le arranca la cabeza al macho después de aparearse con él. Para más ejemplos, véase este mordaz extracto de un artículo de Adam Rutherford, que critica la pseudociencia que trata de utilizar el comportamiento de los animales para establecer lo que es natural para los humanos: «The Human League: What Separates Us from Other Animals», *Guardian* (Manchester, Reino Unido), 21 de septiembre de 2018, www .theguardian.com / books / 2018 / sep / 21 / human-instinct-why-we-are-unique: «Se podría compararnos con las orcas. Viven en un grupo social matriarcal, en algunos casos liderado por hembras posmenopáusicas. O las hienas, el animal con la mandíbula más fuerte de todos, que también son matriarcales y tienen la costumbre de lamerse el clítoris para establecer vínculos sociales así como una jerarquía. O el orden de los insectos himenópteros, entre los que están las hormigas, las abejas y las avispas, y que están aproximadamente a la misma distancia evolutiva de nosotros que las langostas. Su jerarquía social consiste en una única reina y machos, cuya función es doble: proteger la colonia y proporcionar esperma a demanda (son literalmente esclavos sexuales). O los pequeños invertebrados de agua dulce llamados rotíferos bdeloideos, que hace millones de años abandonaron por completo a los machos y parece que les va bien». Los argumentos de Ifis son erróneos. Para saber más sobre la atracción de hembras por hembras y de machos por machos, véase Bruce Bagemihl, *Biological Exuberance: Animal Homosexuality and Natural Diversity* (Nueva York: St. Martin's Press, 1998).

219. Ali Smith, *Girl Meets Boy* (Edinburgo, UK: Canongate, 2007). La novela es parte de Canongate Myth Series, en la que se invitó a los autores a reimaginar los mitos antiguos para la actualidad. Mi análisis está en deuda con el de Kaye Mitchell, en su capítulo «Queer Metamorphoses: *Girl Meets Boy* and the Futures of Queer Fiction», en ed. Monica Germanà y Emily Horton, Ali Smith (Londres: Bloomsbury Academic, 2013), 61-74.

220. Smith, *Girl Meets Boy*, 97.

221. Véase especialmente Smith, *Girl Meets Boy*, 89-90, cuando Anthea pregunta: «¿Surgen los mitos completamente formados de la imaginación y de las necesidades de una sociedad [...] como si surgieran del subconsciente de la sociedad? ¿O los mitos son creaciones conscientes de las diversas fuerzas generadoras de dinero? Por ejemplo, ¿la publicidad es un nuevo tipo de creación de mitos? ¿Las empresas venden su agua, etc., contándonos el tipo adecuado de mito persuasivo? ¿Es por eso por lo que las personas que en realidad no necesitan comprar algo que es prácticamente gratis siguen saliendo a comprar botellas de agua? ¿Será que pronto inventarán un mito para vendernos aire? ¿Y la gente, por ejemplo, quiere ser delgada a causa del mito dominante de que la delgadez es más hermosa?».

222. Smith, *Girl Meets Boy*, 56.

223. *Ibid.*, 77.

224. *Ibid.*, 83-84.

225. *Ibid.*, 133-137.

226. *Ibid.*, 160.

227. Véase Simon Goldhill, capítulo 9, «Antigone and the Politics of Sisterhood: The Tragic Language of Sharing», en *Sophocles and the Language of Tragedy* (Nueva York: Oxford University Press, 2012), 231-248.

228. Sófocles, *Antigone* 93.

229. Jessa Crispin, *Why I Am Not a Feminist: A Feminist Manifesto* (Nueva York: Melville House, 2017), 102.

230. Ben Okri, *A Way of Being Free* (Londres: Head of Zeus, 2015), 44.

231. Inua Ellams, *The Half-God of Rainfall* (Londres: 4th Estate, 2019); Madeline Miller, *Circe* (Nueva York: Little Brown, 2018); Pat Barker, *The Silence of the Girls* (Nueva York: Doubleday, 2018); Ursula Le-Guin, *Lavinia* (San Diego, CA: Harcourt, 2008); y Natalie Haynes, *A Thousand Ships* (Londres: Pan MacMillan, 2019). Para las antiguas tragedias, mitógrafos y otros escrotires de mitos, véase Stephen M. Trzaskoma, R. Scott Smith y Stephen Brunet, eds. y trad., *Anthology of Classical Myths: Primary Sources in Translation* (Indianapolis, IN: Hackett, 2016).

232. Los fragmentos de la *Antígona* de Euripides que han sobrevivido en Christopher Collard y Martin Cropp, eds. y trad., *Euripides Fragments: Aegeus to Meleager* (Cambridge, MA: Harvard University Press, 2008).

233. Sara Uribe, *Antígona González*, trad. John Pluecker (Los Ángeles: Les Figues Press, 2016). Primera edición como *Antígona González* por Sur+ Editions, 2012. La edición de 2016 es bilingüe, y presentan el texto de Uribe en la página izquierda y la traducción de Pluecker en la derecha. La actriz y directora Sandra Muñoz encargó a Uribe el libro en 2011; A-tar Company representó la obra el 29 de abril de 2012 en Tampico, Tamaulipas, México.

234. Uribe, *Antígona González*, 175: «From the journal antigonagomez. blogspot.mx by the Colombian activist Antígona Gómez or Diana Gómez, daughter of Jaime Gómez who was disappeared and later found dead in April 2006, the autobiographical sentence: "I didn't want to be an Antigone but it happened to me"».

235. Véase, por ejemplo, *Antígona Vélez* (1951), de Leopoldo Marechal, *La tumba de Antígona* (1967), de María Zambrano, y *Antígona Furiosa* (1989), de Griselda Gambaro. para otros dramaturgos, análisis y bibliografía, véase Uribe, *Antígona González*, 172-187. Más en general, véase Kathryn Bosher, Fiona Macintosh, Justine McConnell y Patrice Rankine, eds., *The Oxford Handbook of Greek Drama in the Americas* (Oxford, UK: Oxford University Press, 2015); y Rosa Andújar y Konstantinos P. Nikoloutsos, eds., *Greeks and Romans on the Latin American Stage* (Londres: Bloomsbury Academic, 2020).

236. La traducción utilizada es de H.D.F. Kitto; véase Uribe, *Antígona González*, 173.

Índice

editorial **K**airós

Puede recibir información sobre
nuestros libros y colecciones inscribiéndose en:

www.editorialkairos.com
www.editorialkairos.com/newsletter.html
www.letraskairos.com

Numancia, 117-121 • 08029 Barcelona • España
tel. +34 934 949 490 • info@editorialkairos.com